FREE VERSE EDITIONS

Series Editor, Jon Thompson

Free Verse Editions represents a joint venture between *Free Verse: A Journal of Contemporary Poetry & Poetics* and Parlor Press. The series will publish three to five books of poetry per year. We are especially interested in collections that use language to dramatize a singular vision of experience, a mastery of craft, a deep knowledge of poetic tradition, and a willingness to take risks. As the series title suggests, the series is oriented toward free verse, but we will happily consider poetry written in traditional forms. Collections should have individual poems published in well-known journals. We will read collections that do not have a track record of publications, but it is unlikely that they will be accepted for publication.

For more information about the series, visit the series website: see http://www.parlorpress.com/freeverse/index.html. The *Free Verse* journal is on the Web http://english.chass.ncsu.edu/freeverse/

Winter Journey

Winter Journey

[Viaggio d'inverno]

Attilio Bertolucci

Translated by Nicholas Benson

Parlor Press
West Lafayette, Indiana
www.parlorpress.com

Parlor Press LLC, West Lafayette, Indiana 47906

Translation © 2005 by Parlor Press
Originally published in Italian as *Viaggio d'inverno* by Garzanti in 1971.
© Garzanti Editore s.p.a., Milano, 1990. Used by permission.

Printed in the United States of America
S A N: 2 5 4 - 8 8 7 9

Library of Congress Cataloging-in-Publication Data

Bertolucci, Attilio.
   [Viaggio d'inverno. English & Italian]
   Winter journey = Viaggio d'inverno / Attilio Bertolucci ; translated by
Nicholas Benson.
      p. cm. -- (Free verse editions)
   Includes bibliographical references.
   ISBN 1-932559-05-1 (pbk. : alk. paper) -- ISBN 1-932559-09-4 (hard-
cover : alk. paper) -- ISBN 1-932559-17-5 (adobe ebook)
   I. Title: Viaggio d'inverno. II. Benson, Nicholas 1966- III. Title. IV.
Series.
   PQ4862.E777V513 2005
   851'.912--dc22
                              2005027621

Printed on acid-free paper.

Cover art by Giorgio Morandi. By permission of Civico Museo Revoltella,
Galleria d'Arte Moderna, Trieste (Italy)

Cover design by David Blakesley

Parlor Press, LLC is an independent publisher of scholarly and trade
titles in print and multimedia formats. This book is available in paper-
back and cloth formats from Parlor Press on the World Wide Web at
http://www.parlorpress.com. For submission information or to find out
about Parlor Press publications, write to Parlor Press, 816 Robinson St.,
West Lafayette, Indiana, 47906, or e-mail editor@parlorpress.com.

CONTENTS

Acknowledgments

Thanks are due to the editors of the journals in which the following translations first appeared:

Archipelago: The consolation of painting; A masked-ball; Monday; For a demolished clinic

Downtown Brooklyn: At Shrine B, one August day

Forum Italicum: A letter to Franco Giovanelli; Housepainters are artists; March 26; Seagulls

Literary Salt: August eleventh

New England Review: Poppies; Reading Waldemar Bonsels to G.; Butterflies; An augury, in leaving; The public gardens; Wind and rain; Portrait of a sick man; Leave me to bleed; Vermilion was; The hotel again; From Molly G.'s house; Thinking of Rome at the church of San Vitale in Parma

Pequod: Here, at the eye inclined; Don't; Little self-portrait (Caffè Greco); A thank-you for a painting; Waiting for rain

Poetry Daily: Poppies; Thinking of Rome at the church of San Vitale in Parma

Poetry International: Women behind Genoa and elsewhere

Seneca Review: From the balcony; To M. Colombi Guidotti (in memoriam); To return here

I am indebted to Stefano Giovannuzzi, who introduced me to Bertolucci's poetry and gave me the tools and confidence to forge ahead. My parents, Raymond and Shirley Benson, have provided constant inspiration and unflagging support. My wife Lili and daughter Katharine – in her first year – have patiently taught me how to read and understand these poems. Lili, Anna Maria Cossiga, Raffaella De Angelis, Stefano Giovannuzzi, Pasquale Pasquino, Federica Rivetti, Mebane Robertson, and my brother Michael each read various drafts at different times, offering many enlightening comments and helpful alternatives. Charles Tomlinson's admirable translations of Bertolucci were a valuable reference point, for which I am grateful. Marie Louise Zarmanian and Valentina Buono at Garzanti graciously extended permission to publish. I was privileged to receive advice and encouragement from several esteemed editors and translators: Stephen Donadio, Jonathan Galassi, Hermann Haller, Douglas Messerli, and Mark Rudman. I am profoundly grateful to the editor of the Free Verse Editions Series, Jon Thompson, for his belief in this book, and to Dave Blakesley of Parlor Press, for his patience and tact in guiding it through publication. My deepest thanks go to the late Attilio Bertolucci, for his interest and encouragement, and for the generous example of his verse.

TRANSLATOR'S INTRODUCTION

'Letteratura come vita': *literature as life.* In 1938, this is how the critic Carlo Bo paraphrased the new style which, two years previously, Francesco Flora had termed 'hermetic': the terse, allusive style of Eugenio Montale, Giuseppe Ungaretti, and Salvatore Quasimodo. Yet the intricate, alluring verse associated with 'hermeticism' was never the product of a coherent movement; rather, what these poets shared was a reaction against the rhetorical excess, romantic nationalism, and public personae of D'Annunzio, Pascoli, and Carducci—the major Italian poets of their youth. Instead, the 'hermetic' poets reflected the influence of free verse and symbolism—particularly the French poets Laforgue and Mallarmé—and of the *crepuscolari*—notably Govoni, Gozzano, and Corazzini—whose demystifying pessimism and formal modesty were a pointed rejection of the aulic in heritance.[1]

Attilio Bertolucci has typically been placed alongside Giorgio Caproni, Mario Luzi, and Vittorio Sereni in a subsequent generation of 'hermetic' poets—but his poetry, like that of his contemporaries, is individualistic and resists categorization. He was liable to cite as many English and American poets as Italian when discussing his influences; readers may find the poems' pastoralism reminiscent of Hardy, and hear echoes of Eliot, Wordsworth, and Whitman in their imagistic clarity, protracted syntax, and oblique philosophizing.[2] Bertolucci's poetry contains many trace elements, but it is entirely distinctive; while the poems are lyrical and often quite spare, they have a conversational ease, are never obscure, and tend to transmit ideas through clearly framed narratives. The author's dual interrogations—of the redemptive potential of art, and of the contours of personal and familial history—are intertwined and identifiable throughout the poems of *Winter Journey,* even as the careful constructions gradually reveal their vulnerability. Obsessive and stubborn in their effort to recoup what can be saved *from* and *in* time, the poems elide the current and the remembered. Halfway through the collection, sentences seem to shed logical, temporal markers as the poet registers an increasingly anxious awareness of the ephemeral nature of experience; the reader recognizes his attempt "to remember, remember for ourselves // and for everyone, the patience of the years / love's flares wounded—and extinguished," and is caught up in his determined pursuit of constancy and integrity.[3] As Stefano Giovannuzzi has commented, it is as though Bertolucci had turned Carlo Bo's motto on its head, and sought to give life the lasting distinctiveness of art—to attain *life as literature*.[4]

Attilio Bertolucci was born in 1911 in San Lazzaro, just outside Parma. He published his first book of poetry at the age of eighteen, and his second, published in 1934, was acclaimed by Montale. Over the course of a long and celebrated career, he would publish six more books of verse, a collection of essays, and numerous translations from the English and French.[5] In Parma, Bertolucci wrote theater and film reviews for *La Gazzetta,* taught at a lycée, and in 1939, as an editor for the publisher Guanda, initiated La Fenice, a ground-breaking series of books in translation. An irregular heartbeat precluded Bertolucci from military service during the war; in 1943, when the Nazis occupied northern Italy, Bertolucci, his wife Ninetta, and their son Bernardo fled Parma for the relative peace of the ancestral mountain home at Casarola.[6] After moving to Rome in 1951, Bertolucci taught art history for several years at the Liceo Virgilio, worked as an art and film critic for *La Repubblica,* wrote cultural programs for the radio (RAI), began a career at the publisher Garzanti, and was at various times an editor of the journals *Paragone, Palatina, L'Approdo letterario,* and *Nuovi Argomenti.* Bertolucci also edited *Il gatto selvaggio,* a cultural journal subsidized by ENI (Ente Nazionale Idrocarburi, Italy's state petroleum corporation), from its inception in 1955 to 1963, regularly contributing a column entitled 'Storia della pittura' (History of Painting) and soliciting material from writers and friends such as Carlo Emilio Gadda and Giorgio Bassani (both authors of important works of fiction that examined social apathy and coercion during the Fascist *ventennio*).[7]

Despite his many cultural involvements, Bertolucci largely remained on the sidelines of ideology and politics. His periodic retreats to Parma, and to the ancestral family home at Casarola in the Emilian Apennines, where much of his poetry is set, reinforce this sense of remove. And as the poems make clear, Bertolucci's artistic engagements, even with such an indelibly politicized figure as Pier Paolo Pasolini, were energized and inspired by affection. At the same time, an attentive reading of *Winter Journey* indicates that Bertolucci's reticence is more like stealth. As the poet probes the interior of Italy's postwar 'economic miracle,' his sympathies and concerns become clear, and may even seem current to readers a generation later.

Considered by many to be his most significant work, *Winter Journey* is a tour de force of lyrical expressionism, in which formal consistency and the integrity of the composing personality are rarely secure. The poems, most written after Bertolucci moved his family from Parma to Rome, function as a 'winter journey' in the metaphysical sense: the poet directs our gaze onto indicators of communal life and health in moments of deceptive calm, as people are shown, if not accepting, then adapting to significant changes made subtle over the slowness of time. Through a careful accounting of the *situation* of poetry—in the literal sense of places and events that give rise to the poem   the book evolves an account of parallel illnesses: the author's nervous anxiety, and the broader afflictions of a nascent consumer society. Together, these ailments form the common background to a wide net of verse recording moments of intense personal and unexpected civic value. As social space becomes urbanized and compartmentalized, civic life grows stale and unforgiving. Acreage falls into disuse and is sold off, identity diminishes along with agriculture, and irrelevance threatens laborer and landholder alike. Social proximity serves mainly to underline a persistent isolation relieved only—tenuously—by the bonds of family and friendship.

Outward observations are paralleled by the poet's inner anxiety, as he returns—with as much assurance and in as much detail as faithfully possible—to signal events and moments of his past. As Bertolucci writes in 'The poppies,' the opening poem of the volume, he is now 'at life's midpoint' (a wry allusion to the *Inferno*): his sons have left home, and there is a sense that losses are beginning to outstrip whatever gains he has accumulated in life. As the volume progresses, Bertolucci often refers to his *aching* eyes, weakened by age and the tireless search through a mental and material landscape. And while a numbing sameness advances—erasing the particulars of self, culture, and geography—the poet searches for saving elements: for emotional truth within the fragile, persistent features of memory.

In 1935, Bertolucci was rescued from law school in Parma by friends at the university in Bologna, whom he joined in studying under the renowned art critic and historian Roberto Longhi. And in these poems he often turns to fellow artists for guidance and inspiration. Their lesson is that of uncompromising patience and attentiveness in recording emotional truth through observation. In 'A letter to Franco Giovanelli,' the poet recalls the lesson of a friend, also a writer, who transformed his wartime evacuation to Bertolucci's land into a period of diligence and reflection, utilizing "the black order / of winter vines: an order you know / is not a prison, but a rhythm / of existence, of verse." Yet even as thoughts and impressions are arranged in apparently orderly lines, their promise of rebirth betrays time's desecrations. In 'At Shrine B, one August day,' Bertolucci details the neglected state of a trailside shrine dedicated to the Madonna by his family long ago. While the Virgin assuages the anxiety of a self compelled alternately to partake in and withdraw from the trafficked routes of 'society and class,' the poet tells us that the dilapidated shelter in which the Madonna resides gently mocks his vain refusal to accept a common fate. Just as the shrine remained accessible to all in spite of its condition, the poems register thoughts and sensations whose lineaments will never lose their purpose. It is for this reason that Vittorio Sereni, in a poem dedicated to Bertolucci, referred to his close friend as the 'divine egoist.'[8]

Rather than a journey from doubt to belief, the poems of *Winter Journey* track an erratic shuttling forth and back, involuntary yet hopeful, in rhythm with the transition of the seasons.[9] Sustained by a stubborn conviction that through immersion and serendipity one gives vital form to life, Bertolucci engages us in his search for articles of faith amidst the detail and detritus of a gradually estranged world. Emblematic of this process are spaces where the public and private realms coincide: the building sites of 'The hotel' and 'For a demolished clinic,' or the depopulated hills and woods of 'The desolation of unirrigated fields' and 'At Shrine B, one August day.' Whether the setting is urban or rural, Bertolucci seems to survey the landscape from within the foundations of a culture that has ceased to exist, and is most at home in a city whose grandeur lies in its Bourbon past. As the poem 'A masked-ball' declares, Parma's citizens appreciate their sense of remove from politics, and prefer to remain outside "the fatal embrace, America Russia // under the crossed signs of pop art and progressive democracy." Respected yet virtually unrecognized, the poet embodies the faded glory of this self-assured Emilian city—geographically and socially central, yet at a comfortable remove from the mainstream. Like the city and the 'spectator-actor' poet, the poems are both worldly and provincial: they are an expression of local individuality that is secure in itself and, as the narrator of 'Little self-portrait (Caffè Greco)' proudly observes, without the antagonisms that are the new currencies of identity.

In a country then recovering from the disastrous effects of nationalism, it is fitting that one of its major poets would signal a return to the examined self. And it is critically important that Bertolucci—whose antifascism grew out of his involvement with Parma's integrated, assimilated culture—avoided the pitfalls of populism and paternalism, just as his writing avoids antagonism and aestheticism.[10] Bertolucci's meditation on the effects of the Fascist *ventennio* and the war—notably 'The rake,' 'Toward Casarola,' and 'The desolation of unirrigated fields'—can be read as a subtle critique of such divisions, which weakened resistance to the regime and enabled the country's later fragmentation. There are certainly other precedents in twentieth-century Italian poetry for rejecting the florid rhetoric that seemed to overspill the nineteenth century; Bertolucci's particular, enduring contribution may reside in his open examination of what remains possible if social and personal beliefs, typically connected to an idealized future or past, are extinguished in the voracious present of the inquiring self. The work and the family, which function as *locus amoenus* or secure continuum, also return a paradoxically weightless burden—"the sorrowful time that for me and you / and all of us spends itself in pain," as Bertolucci writes in the conclusion of 'Time passes.' The poet can only reveal fragments, like the spokes of a wheel too large for one vision to contain: the organic wholeness of time, like the constancy of forms, is unsustainable. One is thrown back into the drama of the self, as in the second poem entitled 'Fragment excluded from the novel in verse': examining a breakfast plate on which there is an illustration, the teenage poet is quickly overcome by vertigo, as the painted figures—a cherub in the company of Muses—elicit fears of separation and abandonment.

As one might expect, there are ready reasons for Bertolucci's emotional fragility and exhaustion. At the age of six, young Attilio was sent to the Collegio Maria Luigia of Parma, a prestigious boarding school in what Stendhal called the 'petite capitale d'autrefois.' As an adult, Bertolucci was something of a famous hypochondriac, and suffered from bouts of nervous anxiety and pleurisy, to say nothing of the elective difficulty of a long-term project to write a 'novel in verse.'[11] *Winter Journey,* published in 1971, was written largely while Bertolucci labored on the longer project, which recounts the family's history since its migration to the Emilian Apennines from the Maremme in southern Tuscany; it occupied him for three decades and was published, in two volumes, as *La camera da letto* (The Bedroom, 1984; 1988). The mood of penetrating analysis and inquiry that pervades *Winter Journey* lends poignancy to the lengthier enterprise's effort to reconstruct an epic sweep of events in a sustained burst of lyric narrative.

While such background adds interest, to enjoy the poems of *Winter Journey* one need only be curious about another's search for a secure realm of private and public value. And it is worth noting again that, as private epiphanies reveal fragments of a vanishing world, Bertolucci attaches all the more significance to the painter's great virtue. For it is the painter, and most genuinely the homespun decorator of 'Housepainters are artists,' who is able to transcend a jealously protected solipsism—the singular pursuit of one's craft—through the work itself. Following his example, Bertolucci renders images that are at once faithful and insightful, like a glimpse into the mind's eye. Thus the aspiration to *life as literature*—an impossible striving that gives this collection its gravity and its winter light, like overwhelming doubt streaked with stubborn hopefulness.

—Nicholas Benson

Notes

[1] The term 'aulic' was employed by Dante, and by Eugenio Montale in this context, to describe the hieratic, learned, courtly diction prevalent in traditional Italian verse.

[2] Bertolucci discusses his influences in an invaluable volume of interviews with Paolo Lagazzi: Attilio Bertolucci and Paolo Lagazzi, *All'improvviso ricordando. Conversazioni* (Parma: Guanda, 1997) esp. 98–100. An avid translator, Bertolucci edited and was the major contributor to *Poesia straniera del Novecento* (Milano: Garzanti, 1960).

[3] The lines are from 'To Pasolini (in response).'

[4] See Stefano Giovannuzzi, *Invito alla lettura di Attilio Bertolucci* (Milano: Mursia, 1997) 30. It is worth noting that Bertolucci discovered Proust at age fourteen, and could recite pages of *Recherche* from memory.

[5] Bertolucci received many prizes for his work, including the Viareggio in 1951 and 1989; the Librex-Guggenheim "Eugenio Montale" prize in 1991; the Feltrinelli in 1992; and the Accademia dei Lincei in 1992.

[6] See the poem 'Toward Casarola.' Bertolucci's sons, both noted film directors, were born in 1941 (Bernardo) and 1947 (Giuseppe). There is an abundance of information relevant to the poetry in Fabien S. Gerard, T. Jefferson Kline, and Bruce Sklarew eds., *Bernardo Bertolucci Interviews* (Jackson: University Press of Mississippi, 2000).

[7] See Giovannuzzi 36.

[8] Vittorio Sereni, 'A Parma con A.B.,' *Stella variabile* (Milano: Garzanti, 1981): 79–81. In English translation, see *Selected Poems of Vittorio Sereni*. Translated by Marcus Perryman and Peter Robinson (London: Anvil, 1990) 143–44.

[9] As Pasolini noted in an appreciative review of the book, Bertolucci obsessively returns to this fateful quandary throughout his work; Pier Paolo Pasolini, 'Viaggio d'inverno,' *Nuovi argomenti* 22, aprile-giugno 1971.

[10] See Bertolucci and Lagazzi, esp. 30–31.

[11] Bertolucci discusses his illness and its relation to several of his poems in Bertolucci and Lagazzi; see esp. 70–71; 74–75; 91–92.

Winter Journey

I I PESCATORI

I   The fishermen

I papaveri

Questo è un anno di papaveri, la nostra
terra ne traboccava poi che vi tornai
fra maggio e giugno, e m'inebriai
d'un vino così dolce così fosco.

Dal gelso nuvoloso al grano all'erba
maturità era tutto, in un calore
conveniente, in un lento sopore
diffuso dentro l'universo verde.

A metà della vita ora vedevo
figli cresciuti allontanarsi soli
e perdersi oltre il carcere di voli
che la rondine stringe nello spento

bagliore d'una sera di tempesta,
e umanamente il dolore cedeva
alla luce che in casa s'accendeva
d'un'altra cena in un'aria più fresca

per grandine sfogatasi lontano.

POPPIES

This is a year of poppies: our land
was overflowing with them when I returned
between May and June, and got drunk
on a wine so sweet, so dark.

From cloudy mulberry to grain to meadow,
ripeness was all, in a gentle
heat, a slow drowsiness
spread throughout the green universe.

Now at life's midpoint, I've seen
grown up sons go off alone
and disappear beyond the net of flights
the swallow keeps to in the spent glow

of stormy evening,
and the pain gave way
naturally to the lights of home,
of another dinner in air refreshed

by hail unleashed in the distance.

L'erba

Io voglio tornare a vivere dove l'erba
non è come qui puro ornamento, gioia degli occhi
che dura l'anno intero.
Di questi giorni misera si consola
d'un sole fugacissimo, e a quella
spera ingannevole, a quel breve calore
ride un poco tremando. Ma già
l'aria abbuia, chi è in cammino s'affretta,
cerca con gli occhi riverberi di fuochi e di lampade:
presto nevica, sarà tutto finito ancora una volta.

GRASS

I want to return, to live where
the grass is not as it is here: pure ornament, joy to see
that lasts the entire year.
These days the paltry grass consoles itself
with a fleeting sun, and in that deceitful beam,
that brief warmth, it laughs a little,
trembling. Already the air
darkens, and the walker hastens his step,
searches out the glow of fires and lamps: soon
it will snow; once more everything will be over.

Leggendo Waldemar Bonsels a G.

E ora tu che spendi il tempo bello
della tua fanciullezza in questo secolo
senza speranza, dal basso sgabello
ascolta l'ape Maia in mezzo ai tigli

mattutini ronzare in disperata
fuga verso le porte azzurre rosse gialle
della piccola patria minacciata,
ascolta insetti ed elfi che si parlano

nei lunghi giorni estivi, nelle notti
rapide e chiare, imitando gli uomini
con goffa gentilezza, ascolta i motti
savi, i delicati ansanti allarmi:

quel miele nutra te convalescente.

Reading Waldemar Bonsels to G.

And now you, who spend the prime
of your youth in this century
without hope, listen from the footstool
to the bee Maia in the lindens

of morning, buzzing in desperate
flight toward the doors, yellow blue red,
of the little threatened homeland,
listen to insects and elves speak amongst themselves

in the long summer days, in the quick
clear nights, imitating men
with awkward kindness, listen to the wise
words, the gentle, breathless alarms:

that honey speeds your convalescence.

I pescatori

Avete visto due fratelli, l'uno
di quindici l'altro di dieci anni, lungo
il fiume, intento il primo a pesca,
il secondo a servire con pazienza

e gioia? Il sole pomeridiano colora
i visi così simili e diversi
come una foglia a un'altra foglia nella
pianta, una viola a un'altra viola in terra.

Oh, se durasse eternamente questa
mattina che li svela e li nasconde
come erra la corrente tranquilla,
e li congiunge sempre se un silenzio

troppo dura fra loro e li opprime
così da cercarsi a una voce e trovarsi,
intatte membra, intatti cuori, rami
che la pianta trattiene strettamente.

The fishermen

Have you seen two brothers
along the river, one fifteen, the other ten,
the first intent on fishing,
the second on helping, with patience

and joy? The afternoon sun
colors their faces, similar and different
as leaves of the same tree, as violets
beside each other in the ground.

O if this morning that conceals and reveals them
as the peaceful current wends
would last forever, and always
link them together, if a silence

draws on between them, and becomes a burden—
restored to themselves by the sound of a voice,
intact parts, intact hearts, branches
the tree closely holds.

Le farfalle

Perché le farfalle vanno sempre a due a due
e se una si perde entro il cespo violetto
delle settembrine l'altra non la lascia ma sta
sopra e vola confusa che pare si sbatta
contro i muri di un carcere mentre non è che questo
oro del giorno già in via d'offuscarsi
alle cinque del pomeriggio avvicinandosi ottobre?

- Forse credevi d'averla perduta ma eccola ancora
sospesa nell'aria riprendere l'irragionevole moto
verso le plaghe che l'ombra più presto fa sue
dei campi vendemmiati e arati della domenica:
tu non hai che a seguirla incontro alla notte
come l'attendesti nel lume inquieto del sole
finché fu sazia del succo di quei fiori d'autunno.

Butterflies

Why do butterflies always go two by two
and if one vanishes into the tuft
of September violets the other doesn't disappear but stays
there and flies around confused as though batting
against the walls of a cell which is just
this gold of day already set to dim
at five in the afternoon nearing October?

—maybe you thought you'd lost her but she is still here
suspended in midair, resuming the irrational movement
toward the regions darkness claims soonest
of Sunday's harvested, plowed fields:
you need only follow her into the night
just as you waited in the restless light of the sun
till she was sated with nectar from those autumn flowers.

Fogli di un diario delle vacanze

Baccanelli 29 luglio

Che cos'è che fa tanto belle
le case le campagne e lontano le nuvole
nella luce della sera? Ecco,
finisce il giorno, ma è l'estate,
e rimane di radente allegrezza
un tempo così lungo,
a chi è per la strada verso casa,
o l'inverso, da averne gli occhi
feriti, con effetto
sul primo di festa impaziente, sull'altro,
l'altro lasciamolo andar via
col suo carico di lagrime inspendibili:
per lui l'ora cammina più veloce
e l'ombra già trapassa sulle piante fuggenti
a città illuminate in lentissimo
approdo ormai, per consolarlo, perderlo.
Ma noi è quello che seguiamo, accolto
infine dalla selva dritta e lucida
del mais sulle cui punte delicate
il giorno dura ancora per mostrargli,
scena tante volte veduta e rimpianta,
all'improvviso stacco delle lance
verdedorate, l'aprirsi d'un prato
che lampeggia di fieno e del dominio
implacabile d'un quattordicenne
su chi lavora e sente amandolo il giogo
di due occhi ridenti nel gioco del lavoro.

PAGES FROM A VACATION JOURNAL

Baccanelli, July 29th

What is it that makes the houses,
fields, and distant clouds
so beautiful in evening light? The day
is at an end, but it's summer,
so remains brightly shining
at such length
on those heading home
or away, that their eyes are blinded
by the glare—making the first
impatient to celebrate, and the other–
let's allow the other to leave
with his load of unending tears:
for him the hour strides on quickly
and darkness already retreats from trees
fleeing cities illuminated now
in slow approach, to console him, and let him go.
We're following the one finally
welcomed within the tall, bright forest
of corn, on whose delicate peaks
the day lingers, to show him–
a scene witnessed and mourned many times–
at the abrupt end of green-gold
lances, the opening of a meadow
of flashing hay, the tireless domain
of a fourteen year-old
on whom works the affectionate yoke
of two laughing eyes in the game of work.

30 luglio

Sono qui fra un arrivo e una partenza
nella luce di ieri accresciuta
dalla cicala che taceva quando
io m'arrestai pensoso un lungo attimo
a contemplare il vergine teatro
della mia proprietà, morendo il sole
lentamente sulla raccolta del fieno.
Qui mi riposerò per qualche giorno
nella casa riaperta da poco . . .
ma da tanto che il figlio adolescente
ridona inconscio agli uomini e alle donne
sparpagliati all'intorno, a inverdirsi
di pomodoro, assorti all'acqua irrigua,
circonfusi di raggi a empire un carro,
il miele e il veleno d'un rapporto
sulla via di spezzarsi, ora saldissimo
per la grazia d'un gesto di fastidio
nel ravviarsi i capelli sulla fronte
bruna e lucida di sudore giovane.
Oggi, è la stessa ora che io lo vidi,
commosso e intrigato, recitare
la sua parte sul rastrello,
sono entrato nel gioco, ma l'accordo
fra realtà e visione, per cui trema
ancora di diletto e pena l'anima,
non si ripete, me presente
imbruna il cielo su una scena vuota.

Casarola, 5 agosto

La madonna della Neve quassù
segna lo spartiacque dell'estate,
alle spalle è un tempo d'erbe e fiori,
in vista stanno fieno grano e orzo,
patate e mele e infine quelle dolci

July 30th

I'm here between an arrival and a departure
in yesterday's light intensified
by the cicada that kept silent
when I stopped in thought a long moment
to contemplate the virgin theater
of my land, sunlight fading slowly
on the stacked hay.
Here I'll rest a few days
in the house recently reopened . . .
but long since the adolescent son
instinctively joined the men and women
dispersed around him, stained green
by tomatoes, immersed in irrigation water,
encircled by rays, in loading a cart–
the sweetness and poison of a relation
about to be broken, now solid as ever
thanks to the grace of an irritated gesture
straightening the hair on the brow,
young and tan, shiny with sweat.
Today, it's the same hour I saw him,
full of intrigue and emotion,
reciting his role on the rake,
and I've entered the game—but the agreement
between reality and sight, for which the soul
still trembles with delight and pain,
isn't repeated: with me present,
the sky dims on an empty scene.

Casarola, August 5th

The Madonna of the Snow up here
marks the watershed of summer
the time of flowers and grasses left behind
hay wheat and barley in sight
potatoes apples and finally

castagne che per mille anni nutrirono
la gente in questa valle solitaria.
Frutto completo, matura con lenta
pazienza tutto chiuso nel suo riccio
ai soli agostani e settembrini
temprati dalle fresche arie correnti,
si coglie nella pioggia fina, grigio
sipario che aprirà l'inverno. Ascolta,
c'è tempo a quelle lunghe nevi, d'altra
neve la timida leggenda
in un ballo di campane rustiche
rompere l'atmosfera nubilosa.
Una mattina come questa cadde
a infarinare il mondo, meraviglia
incredibile, una neve santa
lasciando allo scoperto, d'erba lucida,
le linee rette e curve che compongono
la pianta della nostra chiesa. No,
che su di un altro monte, ben lontano
dall'Appennino che ci accoglie, il fatto
si vuole avvenuto. Ma la rondine
che stride alta e non neve ma sereno
annuncia, e sfiora nubi d'arenaria,
ci ricorda che ovunque voli, prossima
la sua signora posa il piede lieve
e fiorisce la terra di miracoli.

                    più tardi, tre pomeridiane

Come allegro l'organo rintrona
in accordo alle voci delle donne,
poche ancora, le poche zitelle
del paese, le altre stanno svelte
intorno ai figli nelle cucine
nere, ad annodarsi fazzoletti
lenti sull'onda dei capelli, ultimo
atto dell'eccitato perpararsi,

those sweet chestnuts that for a thousand years
nourished the people of this solitary valley.
Consummate fruit, ripening
with methodical patience, entirely closed within its curl
from the August and September sun,
tempered by fresh air in cool currents–
one collects them in fine rain,
gray curtain winter draws aside. Listen,
time remains for those long snowfalls,
for the other snow of timid legend
that ruptured the clouded atmosphere
in a dance of rustic bells.
One morning like this it fell
to lightly dust the world, incredible
wonder, sacred snow
leaving shining grass exposed
in the lines, curved and straight, that compose
the plan of our church. But no,
it's said to have happened
on another mountain, quite far
from the apennine where we stand. And the swallow
with the high whistle, who announces not snow but clear
weather, and grazes sandstone clouds,
reminds us that wherever he flies, close by
his lady places her gentle foot
and the miraculous earth flowers.

later, three in the afternoon

How gladly the organ booms,
in accord with the voices of the women,
not yet many, the few spinsters
of the village, the others deftly busy
with their children in dark
kitchens, knotting loose kerchiefs
on their curled hair, the final act
of excited preparation,

già per la strada ripida di sassi,
entrate nella dolce onda crescente
d'organo voci fiori incenso e raggi
di un sole che nessuno più sperava,
e ora scotta, uscito dalle nuvole,
sulle nuche degli uomini attardati
fra i pilastri del portico, vecchissima
licenza che addolora il nuovo diacono.
È il Vespro, istituzione piacevole
che aduna gente in riposo,
non più digiuna, a cantare seduta
su banchi che il trascorrere dell'ora
accende di dorata beatitudine.
Io spettatore-attore in questa festa
che procede fra suoni e canti e fumi
in mite ebrietà, penso alla rondine
nell'incerto mattino messaggera
d'una sera stupenda e quieto medito
sulla famiglia che mi sta impaziente
al fianco, contro l'intonaco azzurro,
colore che figura il paradiso.

then already on the steep rocky street,
entered into the sweet growing wave
of organ, voices, flowers, incense, beams
of a sun no one had still hoped for,
now burning, out from behind clouds,
on the napes of men lingering
among the columns of the portico, ancient
concession that pains the new deacon.
It is Vespers, pleasing institution
that gathers people in repose,
fasting over, to sing,
seated on benches the passing hour
illumines with golden beatitude.
Spectator-actor in this celebration
that unfolds in sound, song, and smoke
with humble elation, I think of the swallow
in the halflight of morning, messenger
of a stupendous evening, and, calmed, I meditate
on the family, impatient
by my side, against blue plaster,
color of paradise.

Ringraziamento per un quadro

Come potrò uguagliare il pittore
dilettante Fiorello Poli che
fece la "Mietitura del '44"
nei miei campi, vivendo da sfollato
in casa del mezzadro e alternando
deschetto e tavolozza, se il verde
delle piante, il giallo del frumento,
l'azzurro delle colline lontane
e del cielo, il rosso e il viola di due
donne, una chinata a mietere
l'altra dritta a stringere un mannello
e assorta in un pensiero improvviso,
non saranno mai più quali furono?
Era un giorno bellissimo e gli stavo
vicino: il suo tocco quietava
la mia angoscia
come ascoltassi il battito d'un cuore
che la luce d'estate lenta a spegnersi
nutriva del suo fuoco, della sua
verità: avrei dovuto allora
umilmente seguirne la pazienza
nel descrivere il volgere del tempo
a un ardore più temperato, a un
primo fresco della sera.
Oggi, di quel trapasso raggiante
mi parlano le ombre proiettate
dagli olmi sulle stoppie e sulla messe
rimasta intatta per metà del campo
ormai illuminato dal sole per sempre.

A THANK-YOU FOR A PAINTING

How will I ever equal
the amateur painter Fiorello Poli
who made 'The Harvest of '44'
in my fields, living in the farmhouse
after the evacuation, alternating
palette and little table, if the green
of vegetation, yellow of wheat,
blue of distant hills
and sky, purple and red of two
women, one bowed to reap,
the other upright to grasp a sheaf,
absorbed in sudden thought,
will never be as they were again?
It was a beautiful day and I was
close by him: his touch calmed
my anxiety
as though I were listening to a heartbeat
the slow-to-dim summer light
nourished with its flame, with
its truth: from that moment, I should have
humbly followed his patience
in describing the unfolding of time
toward a more moderate ardor, an
early coolness of evening.
Today, the shadows cast
by elms onto the stubble and grain
left intact in half the field
now lit forever by the sun
speak to me of that radiant journey.

I VECCHI PIÙ DA VICINO

C'era sembrata vista dal di fuori
la più savia e allegra della gente,
ne avevamo quasi invidiato i colori:
l'argento dei capelli, il rosa delle guance.

Ci saremmo voluti sostituire
alla serva che pettinava a lungo
Regina Rossetti, e l'ascoltava mentire
quietamente e ordinare:—Non accendere.

Così sembra bello l'inverno, la neve
splende così ai nostri occhi fanciulli,
e per fortuna non è inganno breve.
Sino a che, facendoci più vicini, sentiamo

le parole che dicono per sé
senza guardarsi attorno, indifferenti
al sibilo che nell'altra stanza fa
la fiamma che sigilla un figlio, attenti

a non perdere il sole che li scalda.

The elders from closer up

Seen from afar she seemed
the wisest and happiest of them—
we practically envied the tone of her skin:
her silver hair, the pink of her cheeks.

We would have gladly taken the place
of the maid who groomed at length
Regina Rossetti, heard her quietly
lie, and command: No lights.

And so winter seems beautiful, the snow
shines so onto our childish eyes,
and fortunately the deception isn't brief.
Until, in drawing near, we hear

the words they say to themselves
without looking around, oblivious
to the sound from the other room
of the flame that seals a son, intent

on not losing the sun that warms them.

Piccolo autoritratto (Caffè Greco)

Non potevano tanti anni, diviso
ognuno in mesi i mesi in giorni,
i giorni in ore, minuti, attimi,
alterare più giustamente un viso,

il mio, che guarda in uno specchio scuro
dell'antico caffè dove impietosa
si scatena la moda ultima, io,
da questa escluso forse per il puro

lampo degli occhi e intenerito riso
della bocca alla consunta ferita
di un amore vittorioso su anni
e adipe, oh non esigente narciso.

Little self-portrait
(Caffè Greco)

So many years, each
divided into months, the months into days,
days into hours, minutes, seconds,
couldn't have more justly altered a face,

mine, that watches, in a darkened mirror
of the ancient cafe where, mercilessly,
the latest fashion lets loose, myself,
excluded perhaps for pure

gleam of the eye and gentle turn
of the mouth at the worn-out wound
of a love victorious over years
and the flab, oh inexacting Narcissus.

Gli imbianchini sono pittori

a Roberto Longhi

Arrivò prima il figlio, in quell'ora
lucente dopo il pasto il sole e il vino,
eppure silenziosa, tanto che
si sentiva il pennello sul muro
distendere il celeste. Non guardava
fuori, la sua giovinezza
e salute gli bastava, attento
alla precisione dei bordi turchini
entro cui asciugando già l'azzurro
scoloriva com'era giusto. Allora
venne il padre che recava uno stampo,
il verde il rosso e il rosa,
e la stanchezza degli anni e il pallore.
Doveva su quel cielo preparato
con cura far fiorire le rose,
ma il verde stemperato per le foglie
non gli andava, non era un verde quale
ai suoi occhi deboli brillava all'esterno
con disperata intensità appressandosi
la sera che si porta via i colori.
Le corolle vermiglie ombrate in rosa
finirono più tardi la stanza,
una qua una là, accordate
alle ultime dell'orto, e il buio,
fuori e dentro, compì un giorno
non inutile che lascia a chi verrà,
e dormirà e si sveglierà fra questi
muri, la gioia delle rose e del cielo.

Housepainters are Artists

for Roberto Longhi

First the son arrived, in that bright hour
after the meal, sun, and wine,
when it's so quiet
one could hear a brush on the wall
extend the sky-blue. He didn't look
outside, his youth
and health were enough for him, careful
of the precise cobalt borders
within which the blue already
lost color in drying, as intended. Then
the father came, carrying a stamp,
the green, red, and pink,
the weariness of the years, and the pallor.
On that prepared sky, he had to
carefully make the roses flower,
but the green mixed for the leaves
didn't seem right, not like the green
his weak eyes saw glowing outside
with desperate intensity, as evening
drew near, to drain all color away.
The vermilion corollas shaded in pink
flowered later in the room,
one here one there, in accord
with those in the garden, and the dark,
outside and in, completed a day
not without purpose, leaving to whoever comes
to sleep and wake within these walls,
the joy of roses and the sky.

Esercizi sul settembre

Il calore d'un giorno di settembre
è un bene che non devi lasciar perdere,
ogni foglio del calendario che stacchi
se ne porta via un po' come si porta
via la tua vita giunta al suo settembre.

E ancora loderai tu il settembre
che avvicina l'inverno, poi che il sole
nascente dalle sue albe tranquille
e fùmide entro i cieli del meriggio
arde d'un fuoco che ha solo settembre?

Così le foglie bruciano in settembre
e si fanno metallo, fulva làmina
fragile, che spezzano le tue
dita smagrite, del colore perso
che hanno le foglie a fine di settembre.

Exercises in September

The heat of a day in September
is a gift you mustn't waste
every leaf you pull from the calendar
takes a little from it as it takes
from your life, reached its September.

And will you still praise September
that brings winter closer, now that the sun
born of its tranquil sunrise
and smoldering within its afternoon sky
burns with a fire true only to September?

So the leaves burn in September
and become a metal, fragile reddish
foil, shredded in
your knuckled fingers, black-stained
as leaves at the end of September.

In treno

Non ricordavo un ottobre
così a lungo sereno,
la terra arata sarchiata
pronta per la semina,
spartita da viti rossastre
molli come ghirlande.

Ma non ditemi non ditemi
che è una stagione clemente:
il fumo che la stria
sale da foglie che non sono più,
le cene brillano sparse.
Perché non si aspettano i morti?

IN THE TRAIN

I couldn't remember an October
of so much fair weather,
the plowed, tilled earth
ready for sowing,
partitioned by ruddy vines
limp as garlands.

But don't say—don't say
it's a gentle season:
the smoke that streaks overhead
rises from leaves that are no longer,
the hearths shine sparsely.
Why not wait for the dead?

Per nozze

È questo, ottobre già avanzato, un tempo
che vi consiglia ad accettare inverno
e nebbia, come beni da non perdere,
trasformandoli entro luci di stanze
la prima volta vostre in un giocondo
seguito di faccende e ozi come
si fa di legna fiamma viva e cenere
immota nel teatro domestico
del camino mentre altre scene accende,
o spegne, il borgo, il lungofiume: Parma,
città cara, popolosa di vivi
e di morti che s'attardano, un pacifica
confusione creando per le vie
aperte alla campagna: alla collina
celeste nella lontananza, alla bassa
che sa di fango e rosmarino, terre
del sangue e della memoria infantile
di cui si nutre e colora ogni frutto.

For a wedding-book

It's the season, already late October,
that advises you to accept winter
and fog, as gifts not to squander,
transforming them within lighted rooms
for the first time yours
in a joyful succession of ideleness and chores
as one makes living flame and still ash of wood
in the domestic theater
of the hearth, while the neighborhood street
or embankment illuminate or dim other scenes: Parma,
dear city, populous with the living
and the lingering dead, a peaceful
confusion gathering on its roads
open to the country: to the hill
blue in the distance, to the lowland
with its odors of mud and rosemary, fields
of blood and childhood memories
that feed and color every fruit.

Una lettera a Franco Giovanelli

"Grasso usignolo dell'Enza, addio"
mi scrivevi anni fa, un po' prima
che emigrassi a Roma, ora sono
di nuovo a casa per alcuni giorni,
da Natale all'Epifania, in comunione
con i morti attraverso il cibo e il vino
che spuma già nel caldo delle stanze
(con il gusto, aggiungi, di guastarmi
il fegato secondo l'abitudine
della provincia e della classe cui
m'onoro d'appartenere, con molti
dubbi). Ma dimmi,
l'usignolo, e lasciami correggere,
del Baganzale che sperde il suo rado
patrimonio di acque alle mie spalle
fra gaggìe che si toccano, si baciano
da una sponda all'altra, emigra? La rondine
certo, ma non canta, stride, e non ingrassa.
Permettimi di scegliere il passero
che vedo saltellare sulla neve
fangosa, pago d'un sole spicciolo,
sicuro entro di sé dell'avvento
d'una stagione non prossima ma come
radiosa in questa pianura che s'alza
adagio verso le prime colline
visibili ora a sprazzi e lampi azzurri
e bianchi al di là del nero ordine
di filari invernali: un ordine, tu sai,
che non è una prigione, ma un ritmo
per l'esistenza e per il verso. Quando

A letter to Franco Giovanelli

"Fat nightingale of the Enza, farewell"
you wrote me years ago, a little before
I migrated to Rome; now I'm
again at home for a few days,
from Christmas to Epiphany, in communion
with the dead through food and wine
foaming already in the warmth of the house
(with enough kick, you'd add, to bust
my liver, as is the habit
of the province and class
of which I'm honored to be a part, with many
reservations). But tell me,
the nightingale—and let me make a correction:
of the Baganzale, which scatters its scarce
patrimony of water just behind me
amidst acacias that touch and kiss
from bank to bank—does he migrate? The swallow
certainly does, but he neither grows fat nor sings, he shrieks.
Let me choose the sparrow
I see hopping on muddy
snow, content with a miserly sun,
confident of the coming season,
not proximate but as though
radiant already in this plain lifting
slowly toward the first hills
visible now in splashes and flashes
of blue and white beyond the black order
of winter vines: an order you know
is not a prison, but a rhythm
of existence, of verse. When

potrò venirti incontro e salutarti
dai campi miei di nuovo, felice
della solitudine e d'ogni avvenimento
che ne spezzi la fitta trama egoista?

will I be able to come out and greet you
in my fields again, happy
for the solitude and for every event
that breaks the ego's thick web?

II Verso Casarola

II Toward Casarola

Piccola ode a Roma

a P.P. Pasolini

Ti ho veduta una mattina di novembre, città,
svegliarti, apprestarti un altro giorno a vivere,
alacri fumi luccicando ai pigri margini orientali
percossi dalla luce tenera come un fiore,
argenti di nuvole più sopra infitti nell'azzurro
offuscandosi per brevissimi istanti, suscitatori di tremiti,
e risfolgorando a lungo, poi che il bel tempo è tornato
e durerà, se è neve quel viola lontano
oltre i colli che ridono di borghi noncuranti
le mortificazioni dell'ombra, poi che il sole ha vinto, o vincerà.

Tu eri viva alle nove della mattina,
come un uomo o una donna o un ragazzo che lavorano
e non dormono tardi, hanno gli occhi
freschi attenti all'opera assegnata,
nell'odore di legno bagnato e di foglie bruciate
o in quello amaragnolo degli alberi sempre verdi
che crescono sui tuoi fianchi e si vedono dall'altura
per cui io scendo inebriato ai ponti
fitti di gente in transito, da qui silenziosi e bianchi
come ali d'uccello a pelo dell'acqua giallina.

Io penso a coloro che vissero in questa plaga meridionale
scaldando ai tuoi inverni le ossa legate da geli
senza fine in infanzie intirizzite e vivaci,
a Virgilio, a Catullo che allevò un clima già mite
ma educò una razza meno arrendevole della tua,

Little ode to Rome

for P. P. Pasolini

City, one November morning I saw you wake,
prepare yourself for another day of life,
brisk vapor sparkling on the lazy margin to the east
shaken by the light, tender as a flower,
silver clouds far overhead fixed in the blue
darkening for brief instants, instigating tremors,
then flashing again at length, since fair weather has returned
and will endure, if that distant purple means snow
beyond hills of neighborhoods smiling without a care
for the mortifications of darkness, since the sun has won, or will.

At nine in the morning you were alert
as any working man woman or boy
who never oversleeps, whose eyes
are clear and intent on the work at hand,
in an odor of damp wood and burnt leaves
or in the sharp scent of evergreens
that grow along your flanks, visible from the ridge
along which I descend, entranced, to bridges
crowded with people in transit, from here white and silent
as a bird's wings grazing yellow water.

I think of those who lived in this southern place,
warming in your winter bones frozen stiff
by endless frosts in lively, numb childhoods,
of Virgil, and of Catullus, who was raised in a mild climate
but trained a people far less docile than yours,

e perciò soffrì, soffrì, la vita passò presto per lui,
passa presto per me ormai e non mi duole come quando
le gaggìe morivano a poco a poco per rifiorire
il nuovo anno, perché qui un anno è come un altro,
una stagione uguale all'altra, una persona all'altra uguale,

l'amore una ricchezza che offende, un privilegio indifendibile.

and so suffered, he suffered, life passed quickly for him,
it's passing quickly for me too but it doesn't hurt as when
the acacias were fading little by little to flower again
in the new year, because here one year is like another,
one season equal to another, a person another's equal,

love a wealth that offends, an indefensible privilege.

La teleferica

a B, con una otto millimetri

L'estate impolvera le siepi
anche oltre i mille metri,
impolvera le more ostinate
in un'adolescenza agra.

Ma la tua adolescenza s'addolcisce, matura
nella pazienza artigiana e sottile
di questa ripresa dal basso
e da dietro la siepe stracciata,
così da tramare di spini foglie e bacche
il racconto nel suo tempo reale
scandito dai passi silenziosi
e furtivi dei bambini Giuseppe Marta
Galeazzina "fuggiti di casa"
quando tutti dormono a Casarola
perché è luglio e il fuoco meridiano
piega anche la gente selvatica
dell'Appennino, anche le donne
indomabili nell'avarizia e nella sporcizia,
boccheggianti su pagliericci miseri
in triste pace.

Soltanto voi, gentili villeggianti,
vivete quest'ora, ne rubate
l'acuta fiamma sì che i vostri occhi
rideranno, nel primo piano, per sempre
al sole delle tre.

THE CABLEWAY

for B, with an 8 millimeter

Summer powders the bushes with dust
even above a thousand meters,
dusts late blackberries
in bitter adolescence.

But your adolescence is becoming sweeter, maturing
like the craftsman's subtle patience
in this shot from below
and behind the ragged hedge,
a weave of thorns, berries, and leaves,
a story in real time
punctuated by the steps, silent
and furtive, of the children, Giuseppe Marta
Galeazzina "run away from home"
when everyone in Casarola is asleep
because it's July and the midday heat
has subdued even the wild folk
of the Apennines, even the women,
untamed of greed and filth,
gasping on frayed reed mats
in sad peace.

Gentle vacationers, only you
inhabit this hour, stealing
its bright flame, so your eyes
shine in the foreground forever
in the three o'clock sun.

Affrettatevi, la teleferica è lontana
e Bernardo, che ha le gambe lunghe
dei quattordici anni, la smania dello story-teller,
insiste sul tempo reale, vuole
che vi perdiate fra castagni e felci
a cercare, con la luce che si fa
più e più debole—affrettatevi,
la sera è paurosa sui monti -
i fili metallici che tagliano le mani
e portano via il legname
per il tannino, o lo portavano, la fabbrica
va in pezzi, e le funi intrecciate
ci voleva Giuseppe a scoprirle, perse
nella vertigine dei rami più alti,
ruggine e clorofilla, avventura e terrore
di un bambino che gioca: questo
l'antefatto del racconto, ora egli
conduce le cugine più grandi
all'altalena sospirata
e non la troverà più,
il suo cuore ne sentirà dolore,
quale soltanto, passati anni e anni infiniti,
l'uomo prova nel primo orgasmo dell'infarto.

L'ultima inquadratura è dall'alto
di un ramo di cerro, l'occhio della macchina
ricerca inquieto i tuoi occhi inquieti,
guida sconfitta,
mentre già le bambine si distraggono,
la più grande delle sorelle intreccia
un cappello di foglie sui capelli
della più piccola, l'operatore-poeta
se ne innamora anche lui, pensa all'effetto
che ne ricaverà quando avvizzite
le foglie finiranno sulla polvere
rosata del crepuscolo freddo
sulla via del ritorno, scordati

Hurry, the cableway is far off
and Bernardo, who has the long legs
of a fourteen year-old, the eagerness of the storyteller,
and insists on real time, wants
you all to disperse amidst chestnuts and ferns
to discover, in the steadily
weakening light—hurry,
evening trembles on the hills–
the metal cables that cut one's hands
and carry lumber away
to make tannin, or used to, and the factory
goes to pieces, leaving the tangled cords
to be found by Giuseppe, lost
in the dizziness of the highest branches,
chlorophyll and rust, adventure and terror
of a boy at play: this
is prologue to the story, now
he leads the older girl cousins
to the longed-for swing
and no longer finds it,
his heart feeling a pain
that, years upon infinite years having passed,
the man experiences as heartattack's first spasm.

The last frames are from the heights
of an oak limb, the camera eye
anxiously seeking your anxious eyes,
crestfallen guide,
while already the girls are distracted–
the oldest of the sisters weaves
a hat of leaves in the hair
of the youngest; the cameraman-poet
is entranced as well, considering the effect
he'll capture when the withered leaves
drop to the rosy dust
of cold twilight
on the road home—having forgotten

il dolore precoce, la pupilla delusa,
il tema umano della novelletta.
Lasciate che l'arte si prenda
queste rivincite improvvise ma giuste
sulla vita, che un ragazzo ne profitti
e abbia coscienza in quei cari anni
della vocazione e dell'apprendistato.

the precocious pain, the downcast look,
the story's human theme.
Leave art to recoup
these sudden but deserved winnings
from life, so a boy might profit
and ponder them in those precious years
of apprenticeship and vocation.

Un augurio, partendo

Il cielo è azzurro e grigio
ma il sole, che non si vede,
tramontando quel grigio
muta in rosa, l'azzurro
in celeste, e io fuggo,
fuggo piangendo da voi.

È il caro tempo dell'anno
che la giornata s'allunga,
voi camminando adagio
portati dal crepuscolo
che intenerisce e che fiacca,
vi allontanate da me.

Che quest'ora vi sia
propizia, o donna, o ragazzo:
il cielo che s'oscura
rivelando una lucida,
tremante fiamma qua e là,
annuncia bel tempo, domani.

Coglietene il mite augurio . . .
E sia il figlio ad alzare
prima gli occhi, a stupirsi
del chiarore notturno,
a darne notizia alla madre:
così vive e dura l'amore.

An augury, in leaving

The sky is dark-blue and gray
but the sun, which has hidden,
in setting changes gray
to pink, dark
to pale blue, and I flee,
weeping, I flee from you.

It's that precious time of year
when the days grow longer,
and you, slowly walking
taken into the twilight
that touches and fatigues,
you distance yourselves from me.

Let this hour be favorable
for you, o woman, o child:
the sky that darkens,
revealing a flame
brightly trembling here and there,
announces good weather, tomorrow.

Take this humble wish . . .
And let the son be the first
to lift his gaze, be astonished
by the night's clarity,
and tell his mother of it:
thus love lives, and endures.

VERSO CASAROLA

Lasciate che m'incammini per la strada in salita
e al primo batticuore mi volga,
già da stanchezza e gioia esaltato ed oppresso,
a guardare le valli e gli anni
che spazio e tempo distanziano.
Così a una curva, vicina
tanto che la frescura dei fitti noccioli e d'un'acqua
pullulante perenne nel cavo gomito d'ombra
giunge sin qui dove sole e aria baciano la fronte le mani
di chi ha saputo vincere la tentazione al riposo,
io veda la compagnia sbucare e meravigliarsi di tutto
con l'inquieta speranza dei migratori e dei profughi
scoccando nel cielo il mezzogiorno montano
del 9 settembre '43. Oh, campane
di Montebello Belasola Villula Agna ignare,
stordite noi che camminiamo in fuga
mentre immobili guardano da destra e da sinistra
più in alto più in basso nel faticato appennino
dell'aratura quelli cui toccherà pagare
anche per noi insolventi,
ma ora pacificamente lasciano splendere il vomere
a solco incompiuto, asciugare il sudore, arrestarsi
il tempo per speculare sul fatto
che un padre e una madre giovani un bambino e una serva
s'arrampicano svelti, villeggianti fuori stagione
(o gentile inganno ottico del caldo mezzodì),
verso Casarola ricca d'asini di castagni e di sassi.

Potessero ascoltare, questi che non sanno ancora nulla,
noi che parliamo, rimasti un po' indietro,

Toward Casarola

Leave me to walk up the steep street
and turn at the first heartbeat,
already exalted and oppressed by joy and weariness,
to view valleys and years
distanced by space and time.
And so at a curve,
so near the coolness of dense hazels and water
pullulating constantly in the cave-like alcove of shade
reaches where sun and air caress forehead and hands
of those who have overcome the temptation to rest,
I might see the group emerge in wonder
with the anxious hope of migrants and refugees,
the mountain midday tolling in the sky
of 9 September '43. O bells
of Montebello Belasola Villula Agna, unaware,
you deafen us who pass by in flight
while from left and right,
above and below, in the steep fields
of the apennine, those who will have to pay—
also for us—look on, motionless;
but now peacefully they leave the blade to gleam
in an unfinished furrow, mop the brow, idle
long enough to ponder
a young father and mother, maid and child
climbing quickly, vacationers out of season
(o genial hallucination of the noon heat)
toward Casarola, rich in donkeys, chestnuts, and stone.

Could they only hear us, those who still know nothing,
as we linger behind talking, the girl and child

perdutisi la ragazza e il bambino più sù in un trionfo
inviolato di more ritardatarie e dolcissime,
potessi io, separato da quel giovane
intrepido consiglio di famiglia in cammino,
tenuto dopo aver deciso già tutto, tutto gettato nel piatto
della bilancia con santo senso del giusto,
oggi che nell'orecchio invecchiato e smagrito mi romba
il vuoto di questi anni buttati via. Perché,
chi meglio di un uomo e di una donna in età
di amarsi e amare il frutto dell'amore,
avrebbe potuto scegliere, maturando quel caldo
e troppo calmo giorno di settembre, la strada
per la salvezza dell'anima e del corpo congiunti
strettamente come sposa e sposo nell'abbraccio?
Scende, o sale, verso casa dai campi
gente di Montebello prima, poi di Belasola, assorta
in un lento pensiero, e già la compagnia forestiera
s'è ricomposta, appare impicciolita più in alto
finché l'inghiotte la bocca fresca d'un bosco
di cerri: là
c'è una fontana fresca nel ricordo
di chi guida e ha deciso
una sosta nell'ombra sino a quando i rondoni
irromperanno nel cielo che fu delle allodole. Allora
sarà tempo di caricare il figlio in cima alle spalle,
che all'uscita del folto veda con meraviglia
mischiarsi fumo e stelle su Casarola raggiunta.

somewhere further ahead in an unspoiled triumph
of late, exceedingly sweet blackberries—
if only I could, separated from that intrepid
young council of a family in flight,
held after everything had been decided, everything
cast on the balance with a sacred sense of right—
now that, in this aged and withered ear, the void
of these wasted years is rushing. Who better
than a man and woman
in their prime, loving one other
and the fruit of their love, in the ripening heat
of that too-tranquil September day, to have chosen
the road to the salvation of soul and body, joined
tightly, like man and wife in embrace?
People from Montebello first, Belasola next,
descend or climb home from the fields, absorbed
in unhurried thought; and already the group of strangers
has come together again, appears smaller higher up,
and is swallowed into the cool mouth
of an oak forest: there,
a fountain is fresh in the memory
of the one leading, who's decided
to pause in the shade until swifts
erupt into a sky larks had filled. Then,
it will be time to hoist the son onto his shoulders,
so that in leaving the woods he'd watch in wonder
smoke and stars mingle over Casarola attained.

Aspettando la pioggia

Che ne sarà di noi se nuvole
non se ne presenteranno più
in questa terra amata proprio
per la sua verde umidità,

se le scorte finiranno prima
dell'inverno per noi e per
gli animali e il tempo bello
umetterà ogni mattina gli orli

delle finestre come un veleno
e la luna ogni notte entrerà
nelle nostre stanze impedendoci
di dormire, se non sapremo più

che fiori portare a coloro
che ci aspettano per chiederci
come mai ancora non li ha
svegliati verso l'alba il rumore

della pioggia sui coppi bruniti
così che possa riprendere
il discorso interrotto un altro
autunno quando l'amore

durava sino alla consumazione del dolore?

WAITING FOR RAIN

What will become of us if clouds
no longer appear
in this land loved precisely
for its green humidity

if provisions are exhausted
by us and the animals
before winter and fair weather
every morning dampens the frames

of windows like poison
and the moon every night
enters our rooms, impeding
our sleep, if we no longer know

what flowers to take
those waiting for us to ask us
why they still haven't been
wakened near dawn by the sound

of rain on darkening tiles
so the interrupted discussion
of another autumn when love
endured the course of pain

could be taken up again?

La consolazione della pittura

a G.

Non soltanto guardare le piante
lo spazio fra le piante una casa
e un'altra più distante
assorta in una luce dorata
perché il giorno d'inverno che va via
l'ha illuminata a metà -

ma guardarle in una tela che tu
mi mostri e che rivela -
dolore e gioia dei dodici anni già
sul punto di finire,
dei miei nei tuoi—quelle piante spogliate
da un inverno in cui vorrei

che tu crescessi naturalmente vincendo
il rigore del clima e della gente
con la fiera dolcezza
della tua indole a sua volta temprata
non vinta dai geli, dagli sguardi
di chi ti ama, ma chiama padrone -

non soltanto guardare in prospettiva
i tigli nudi e la nostra casa
e un passero che arriva e si posa
sul ginepro pungente in una luce
che l'ombra bacia e spezza, può lenire,
ma un rosso sul grigio, la mia mente?

THE CONSOLATION OF PAINTING

for G.

Not just looking at trees,
the space between trees, a house,
and another further off
absorbed by golden light
because half-lit by the departing
winter day–

but looking at them on a canvas
you show me, and that reveals–
pain and joy of twelve years
already almost over–
mine, in yours—those trees stripped
by a winter in which I'd like

you to grow naturally, overcoming
the rigors of climate and people
with the fiery sweetness
of your nature, in turn tempered,
not defeated by frost, by the looks
of those who love you, but call you *master*–

not just to see in perspective
the bare lindens, our house
and a sparrow arriving to perch
on pungent juniper in a light
shadows graze and shatter, but
a red on gray: that can soothe my mind?

Un'esortazione ai poeti della mia città

Oggi che il tempo è di nuovo bello,
caldo come d'estate il sole di settembre,
voi vi accingete a ricevere
dall'erba cresciuta sui campanili scrostati
il saluto di un altro giorno
da covare dentro il brusìo
di una vita attiva, cittadina
o appena suburbana, che v'incanta
e vi strazia umanamente di colpe.
Non cercate altro, fate che il passo
alacre delle dieci
vi porti nel vero cuore del mattino:
sul celeste
striature lunghe di bianco assicurano
il durare della stagione . . . Mai
come ora la morte appare amara
a chi ne legge gli avvisi
sui muri intiepiditi dal volgere
calmo ma inevitabile delle ore
verso un meriggio ardente e la sosta
del pasto che il vino fa fervida e tanto più loquace
se era, il nome abbrunato, familiare.
A voi, usciti presto di casa e sul punto,
le gambe stanche, di tornarvi,
un carico ingombra la mente
che l'inebriò. Lasciate
che si perda, un giorno
qualsiasi vi renda uguali a questi
che si fanno coraggio e riprendono
ad animare le vie
che nella loro assenza
l'ombra ha imboccato e percorrerà sino in fondo.

Exhortation to the poets of my city

Now that the weather is fair again,
the September sun hot as in summer,
you prepare to receive
from the weeds and peeling belltowers
greetings of another day
deep within the bustle
of an active life—urban
or barely suburban—that enchants
even as, naturally, it brands you with faults.
Let this be enough, let the busy
striking of ten
take you into the very heart of morning:
in the blue
long streaks of white
ensure the season will last . . . Never
has death seemed so bitter
to one who reads its announcements
on walls warmed by the calm,
inevitable passing of hours
leading to blazing noon, and the break
for lunch wine makes ardent, and even more eloquent
if the shrouded name was familiar.
Out early and, legs weary, on the verge
of returning home,
a weight burdens your mind
that had made it spin.
Let it go: any day
finds you equal
those who take heart
and again animate the streets
which in their absence
darkness entered, and will follow through to their end.

Presso la Maestà B, un giorno d'agosto

Oggi non prenderò la strada che porta a Riana,
tagliata di recente nel fianco tenero del monte
sanguinante di faggi, lagrimoso d'acque bambine,
oggi non prenderò la strada nuova, non ancora
finita, strappata per il bene pubblico al chiuso
interesse dei miseri padroni di terre e boschi,
volta al futuro, azzurra di pozzanghere,

perché mi chiama, essendo domenica, l'irta
mulattiera in rovina verso Montebello arroccata
sul Bratica senza fiducia, fornitrice
ormai inutile di parenti e di preti,
selvosa di castagni un tempo primari
dispensatori d'alimenti alla gente di qui,
oggi, ultima domenica d'agosto, fitti
di frutti che nessuno spia ansioso
della loro gonfiezza anche se un cielo
vulnerato qua e là da lame preautunnali
nell'ardore del giorno ci parla
dell'approssimarsi di una stagione non mite.

Mentre cammino, sicuro di non trovare
nessuno per la via abbandonata,
fra gazze bianche e nere sull'orlo
fosco di letamai decrepiti e bisce
spinte dalla siccità, presto perdute all'occhio
non alla mente che il peccato tortura,
odo gli ultimi botti della messa e m'affretto
pauroso che non m'inseguano e trattengano
dall'imboccare il sentiero in salita,

AT SHRINE B, ONE AUGUST DAY

Today I won't take the Riana road
cut recently into the tender flank of mountain
bleeding with beeches, weeping with infant waters,
today I won't take the new road
as yet unfinished, wrested for the public good
from the selfish lords of field and forest,
turned to the future, blue with puddles,

since today being Sunday, the ruined
rutted mule track beckons me to Montebello
hewn above the Bratica, by now useless
source of kin and clergy,
wooded with chestnuts once primary
food providers for the locals,
and today, the final Sunday in August, heavy
with fruit that no one, anxious
for their fullness, eyes expectantly, even if the sky
ruptured here and there by preautumnal lances
in the ardor of the day
speaks of an approaching ungentle season.

While I walk, certain of not finding
anyone along the abandoned way,
among magpies white and black against the dim gold
of decaying dungheaps and snakes
emboldened by drought, quickly out of sight
but not the mind tormented by sin,
I hear the final toll of mass and make haste,
afraid someone might follow and keep me
from turning onto the ascending trail,

appena visibile sotto le foglie i sassi
che ne ingombrano il tremulo tracciato, da tanti
e tanti anni sconsacrato e deluso.

Ora, giunto a mezza costa, sento
il piede e il cuore sospendersi incerti
mentre dall'alto scivola, scoccando l'ora di fuoco,
una frana d'azzurro che allontana l'autunno,
e di fianco, sul lato sinistro, geme
nell'ombra delle piante la camola che vive
sulla morte del legno. Non esito più, volgo
i miei passi fuori
dello spiazzo che mi tenne nel dubbio
e mi è già dietro le spalle, empio
di sole, io perdutamente
preso dal folto biondo bruno, dal soffoco
dolciastro, organico del bosco
in cui m'aspetta, colpa
e pentimento, unico bene,
la madre giovinetta.
Era te che cercavo, e non credevo
di trovarti così
a portata di tutti coloro, passeggeri
o legnaiuoli affaticati in transito,
che vogliano un riparo o un conforto.
Infatti la maestà cui sono giunto dinanzi
con tanta pena da monte,
s'offre allo sguardo subito, diroccata (eppure la sola
con la sua capannuccia sporgente capace
di tenere sotto nell'inclemenza del tempo),
a chi sale da valle e non può non vederne la mole
insolita fra gli altri tabernacoli
che s'incontrano, umili, qua e là
segnati di omaggi e di sfregi infantili.

Ma devo rallegrarmi, non cadere
in una vaneggiante tristezza, scoperto
che la cappella chiusa e quasi irraggiungibile

just visible through leaves and stones
that crowd its fragile outline, for years
on years deconsecrated and dark.

Having come halfway, I sense
heart and step waver, uncertain,
while from on high the hour of fire strikes,
a blue avalanche repels autumn,
and to the left, the sinister side, the grub
that thrives on the death of wood
rustles in forest shade. I hesitate no longer, but direct
my steps from the clearing
that had held me in doubt,
its pitiless light
already left behind, and am swallowed
entirely by the blonde-brown thicket, the breathless
bittersweet living wood,
in which, guilt
and penitence, sole good,
the young mother awaits.
It was you I searched for, never thinking
to find you
so near all those, travelers
or weary woodsmen passing by,
who might need comfort or shelter.
Indeed, the shrine to which I've come
after such an uphill struggle
instantly reveals its crumbling form (yet sole
shrine capable, because of its extended canopy,
of giving shelter in bad weather)
to those ascending from the valley, who couldn't miss its bulk,
uncommon among the humble shrines
one comes across here and there,
scarred by tributes and childish insults.

But I must take cheer, not fall
into a vain sulk, on finding
the chapel shut and nearly beyond the reach

a me venuto per il cammino dei morti,
guidato dalla memoria, privilegio amaro
dei più gelosi spenditori di gioie,
assolva umana e così agevole ai suoi
compiti protettivi del corpo e dell'anima
se uno non la cerchi ma la trovi per strada,
aperta a tutti, ormai senza più nome.

Nessuno certo ha portato sassi
e calcina,
o la fina sabbia dalle chiare rive
del Bratica che scorre nella lunga
fonda ferita della terra, nessuno
ha imbastato il suo asino facendosi
precedere per il faticoso
itinerario dalla pazienza
della bestia, un giorno di lavoro
rubato alla cura del misero possesso,
nessuno di Casarola né per avventura
di Montebello equidistante, di sua
volontà o esortato dall'alto
di un pulpito mai stanco di pretendere,
ha restaurato questa che è, ancora,
la più bella maestà della montagna,
e lo fu, forse, per nostra vanità.
Ma, passando, uno ha impilato con ordine
pietre cadute dal muretto a secco
del recinto, un altro, o lo stesso, chi sa,
dimentico di sé nel quieto abbraccio
di questo portichetto di pace,
porto d'ombra,
ha sistemato sul tetto le sconnesse
piane d'ardesia in modo che almeno
non ci piova. E c'è sempre
qualche fiore o frutto, ma tanto
selvatico e stringente da stare
fra le dita rotte del bambino,
nello scollo adolescente
della madre.

of one arriving along the path of the dead,
guided by memory, bitter privilege
of joy's spendthrifts,
yet serving man and so capable
in its task of protecting body and soul
that without even looking one stumbles upon it,
open to all, by now without name.

Certainly no one has brought up stones
and lime, or fine sand
from the clear banks
of the Bratica, flowing through
the earth's long deep wound, no one
has burdened their donkey
and had it follow this tortuous itinerary
requiring the patience
of a beast, thereby diverting a day's labor
from some meager property,
no one from Casarola nor, by chance,
from equidistant Montebello, of their own accord
or on urging from the heights
of a pulpit never weary of prodding,
has ever repaired what is still
the most beautiful shrine in these mountains,
and was made so, perhaps, because of our vanity.
But a passerby has set in order
stones fallen from the walled enclosure,
and another or, who knows, the same,
lost in the quiet embrace
of this little portico of peace,
port of shade,
has arranged the skewed layer
of slates on the roof, so that at least
it doesn't rain through. And there are always
some flowers or fruit, wild
and dry enough to remain
between the child's broken fingers,
in the adolescent neckline
of the mother.

Durerà, la costruzione boschiva,
fin che dura il dolore e la pietà
di chi abita ancora le terre alte
che noi abbandonammo.
E non è giusto il mio
batticuore violento, non è giusta
la mia scelta profanatoria
dell'ora della messa, per una
visita così privata, una devozione
solitaria, egoista come un vizio.
Datemi, sterpi e sassi, un passaggio
per liberarmi,
fate che io ritrovi una strada
battuta e aperta,
profumata dai cigli esposti a mattino
per una moltitudine inebriante
di garofanini campestri
svegli presto e di già
un po' appassiti, eppure
lieti, senza memoria né speranze,
di un sole che sta
per lasciarli avanzando il meriggio
e tuttavia li riscalda e illumina ancora.

The woodland construction will last
as long as the piety and pain
of those who still inhabit the heights
we abandoned.
And my violent heartbeat
is not justified, nor is
my profane choice
of the hour of mass
for such a private visit, a devotion
solitary and selfish, like a vice.
Stone and scrub, give me passage
to free myself,
let me find again a well-worn path
out in the open,
banks exposed to morning, perfumed
by an intoxicating multitude
of wild carnations,
awakened early and already
a little withered, yet glad,
with neither memory nor hope,
for a sun poised to leave them
as afternoon advances,
yet that warms and illumines them still.

III   Il tempo si consuma

III Time passes

Il tempo si consuma

Sono entrato nella gran folla mista
della messa di mezzogiorno, in cerca
di te, ch'eri là dall'inizio,
bambino diligente, anima pura
affamata di Dio, e con inquieto
occhio ho scrutato fra i banchi
inutilmente.
Ma da una tela umile veniva
incontro alla mia ansia il garzone
di falegname, Gesù, della tua età,
a rincuorarmi, mentre intorno, al fioco
accento del sacerdote lontano
si mescolava l'agitazione terrena
delle ragazze e dei ragazzi tenuti
lontani dal bel sole di domenica.
Così, d'improvviso, in un angolo vicino
alla porta, t'ho ritrovato, quieto
e solo, m'hai visto, ti sei
accostato timidamente, ho baciato
i tuoi capelli, figlio ritrovato
nel tempo doloroso che per me e te
e tutti noi con pena si consuma.

Time passes

I entered the great mixed-up crowd
of midday mass, looking
for you, there from the beginning,
diligent child, pure soul
hungry for God, and with anxious eyes
I searched the pews
without result.
But from a humble canvas,
the carpenter's apprentice, Jesus, the same
age as you, came to allay my fears
and to encourage me, while all around, the faint
sound of the distant priest
blended with the earthly agitation
of boys and girls
kept from the sunny Sunday weather.
And then, suddenly, in a corner
by the door, I found you again, quiet
and alone, you saw me, came up
to me timidly, I kissed
your hair, son regained
in the sorrowful time that for me and you
and all of us spends itself in pain.

IV Per una clinica demolita

IV FOR A DEMOLISHED CLINIC

Di me

PROPRIETARIO E PADRE

Mi piace interrogare questo o quello -
gente esperta: il perito agrimensore
incanutito a misurare terra
d'altri e abbronzato non meno
del mezzadro, e il mezzadro arricchito
e stremato in proporzioni disuguali
a lavorare terra d'altri, entrambi
come la terra rugosi intorno
agli occhi vivi e sulla nuca—ma
se m'invitano a visitare la terra
che è mia non mi trovano mai
disposto a incamminarmi sotto il sole
nebbioso della giornata feriale.
Lascio che sia domenica, che siano
le quattro e i campi deserti . . .
Allora la mia ombra incurvata
procede solitaria sul bianco
desolato della carraia di un anno
di siccità, ma lunga, più lunga,
maturando il giorno senza scampo,
penetra nel verde alto del mais
mentre dalle vostre labbra lontane
"Addio, facci andar via" m'assorda, pioggia
promette il cielo che si chiude come
occhio che vuole lagrimare e non vuole.

OF ME: LANDOWNER AND FATHER

I like to ask around–
to ask experts: the surveyor
silver-haired from measuring the land
of others, no less bronzed
than the sharecropper,
enriched and exhausted in unequal proportion
from working the land of others, both
wrinkled like the earth
around vivid eyes and nape—but
if they invite me to visit the land
that is mine they never find me
willing to set forth under the hazy sun
of the working day.
I wait for Sunday, four
o'clock, the fields deserted . . .
Then my curved shadow
solitarily proceeds along the desolate white
of the track, in drought a full year,
long and growing longer,
the day maturing without escape,
penetrating the tall green corn
while from your distant lips
"Farewell, let us go" stuns me, rain
promised by a sky shutting like an eye
that wants to weep and won't.

Per una clinica demolita

Qui dove un poeta ha pianto e delirato un mese
della sua vita—un aprile
di nuvole,
di bel cielo sereno
insidiato di crepe -
sbattono le persiane abbandonate.

Dove avete portato
le vostre droghe e preghiere,
Figlie della Sapienza, figlie
della pazienza, tanto
buone cuciniere e allegre
dispensiere di minestre e di vino
per la gran fame nel tardo mattino?

Qui un altro giorno, già
demolite quelle stanze care,
già più avanzato l'anno e la fabbrica
nuova ormai alta, sonora
d'un cantiere che tace
solo se il mezzogiorno spacca in luce e ombra
pane e frittata, al muratore ho chiesto inutilmente:

"Dove sono emigrate
quelle vecchie e giovani suore
che con aghi, con fiale
sconfiggevano il male, precise
come lancette sul quadrante a usarle
senza errore, alternandole
con preghiere cristiane?"

For a demolished clinic

Here, where a poet raved and cried away a month
of his life—an April
of clouds,
of beautiful clear skies
infiltrated by cracks–
the abandoned shutters are banging about.

Where have you taken
your drugs and prayers,
Daughters of the *Sapienza,* daughters
of patience, such
good cooks and glad providers
of soup and wine
for the great hunger of late morning?

Another day here and already
those dear rooms are destroyed,
the year well advanced, the new factory
by now towering, its echoing
workyard quiet only
when midday breaks omelette and bread
into light and shadow, and in vain I ask the mason:

"Where have they gone to,
those sisters young and old
who conquered evil
with needle and vial, precise
as the minute hand in their unerring
use, alternating that
with Christian prayer?"

Che io sappia dove sono, che io sappia
che non sono partite
dalla città che genera in eccesso
la voluttà e il dolore, che io
le sappia, in quest'ora
che precede la notte e l'inverno,
ancora sagge e pazienti nel fugare

per me, per tutti noi, sulla terra l'inferno.

If only I knew where they were,
knew they hadn't left
the city generating an excess
of lust and pain, if only
I knew them, in this hour
that precedes the night, and winter,
patient still and wise in setting flight

for me, for us all, to hell on earth.

Portami con te

Portami con te nel mattino vivace
le reni rotte l'occhio sveglio appoggiato
al tuo fianco di donna che cammina
come fa l'amore,

sono gli ultimi giorni dell'inverno
a bagnarci le mani e i camini
fumano più del necessario in una
stagione così tiepida,

ma lascia che vadano in malora
economia e sobrietà,
si consumino le scorte
della città e della nazione

se il cielo offuscandosi, e poi
schiarendo per un sole più forte,
ci saremo trovati
là dove vita e morte hanno una sosta,

sfavilla il mezzogiorno, lamiera
che è azzurra ormai
senza residui e sopra
calmi uccelli camminano non volano.

TAKE ME WITH YOU

Take me with you into the bustling morning
kidneys shot eyes wide open resting
on your womanly hip that strides
with the gentleness of love,

these last days of winter
dampen our hands, and chimneys
smoke more than they should
in such a warm season—

but let sobriety and moderation
go to ruin,
deplete the reserves
of city and nation

if the sky darkening, then
clearing in a stronger sun—
while we find ourselves where
life and death take pause—

shoots sparks at midday, sheet
metal by now blue
without residue and above
calm birds walk, don't fly.

Ghost story

Perché queste quattro figure
rosse e azzurre in tute dell'estate
trascorsa e già in corpetti autunnali
(perché queste bambine lunghe
e un ragazzo, un maschio esautorato) -

che vedevo, dirigendomi a piedi
verso Parma, alla mia sinistra in un prato,
e il sole pezzava di luce
le loro gambe e nuche imbiondendo
una peluria forse transitoria -

stanno ora all mia destra e alle mie
spalle prese nell'ombra e guardano
me amaramente e procedono
soltanto se mi muovo, arrestandosi
sbiancate come volgo dubitoso a spiarle?

Ghost story

Why these four red and blue
figures in outfits of last
summer and already in autumn jackets
(why these overgrown girls
and boy—male mascot)–

I've seen while walking
toward Parma, to my left in a meadow,
sunlight fragmenting
napes and legs, bleaching
a maybe temporary down–

now to my right and just
behind me, in shadow watching
me bitterly, proceeding only
if I move, stopping suddenly
pale as, disbelieving, I turn to spy them?

A una bella donna

vedova da tre giorni

C'è un'ora, quando sulla meridiana
del Palazzo del Governatore
la luce mattutina bacia l'ombra
d'una notte di lagrime rimasta

sull'intonaco parmigiano, e adagio
la scancella continuando ad amarla,
che la piazza, nei giorni d'estate,
è fresca come un lenzuolo nuziale.

Tu non potevi uscire a gambe nude
e hai infilato calze che ne accrescono il pregio,
calandovi una lunghezza affusolata, di razza
mercantile, e armonizzando la trama cangiante

con l'abito e la zazzera, ugualmente mischiati
di bianco e di nero, sino a formare un viola
d'inchiostro dilavato in un conto già chiuso.

Ma coraggiosamente tu ne apri uno nuovo
poi che tratti le partite di grano già rimaste
in sospeso, e le gravi tutte del tuo bel peso.

To a beautiful woman,

widowed three days past

There's an hour when on the sundial
of the Governor's Palace
the morning light just grazes the shadow
of a tearful night that remains

in Parma's plaster, and slowly
rubs it away with gentle care—
when the piazza on summer days
is fresh as a nuptial sheet.

You couldn't go out with legs bare,
so put on stockings that enhance their value,
a tapered length plunging there, mercantile
in type, harmonizing the weave

with cape and mane, black and white
equally present, like ink fading to purple
in a closed account.

But courageously you open a new one,
take over the stocks of grain left suspended,
and dominate them all with your beautiful weight.

IL GIARDINO PUBBLICO

In una torva luce
bambini e asinelli
consumano le ultime
ore del giorno, Dio

fa cessare quei loro
gesti dementi, manda
uno scroscio di pioggia
sulla pelle, sul pelo

affaticati e pesti
dal vivere e da ottobre
che madido si disfa,
e li trovi il crepuscolo

nelle stanze, le stalle
loro assegnate, quieti
e dispersi, e tu
che morendo li insanguini

e li redimi, o sole.

The public gardens

In a grim light
children and little donkeys
waste away the last hours
of day, Lord

make their mad
movements cease, send
a burst of rain
onto pelt and skin,

matted and worn
by life and by October
dissolving in dampness,
so that dusk might find them

in their rooms, the stalls
assigned them, quiet
and dispersed, and you
who in dying enliven

and redeem them, O sun.

Nel pomeriggio

Ahimè fugace il Lazio, il Lazio,
e come il treno gira, il sole,
e ottobre che va via,

le montagne distanti e sù i castelli
assorti in una luce, in una
ombra che non è mia,

ma sotto, nella piana, il colore
turchino di un corpetto sulla gonna
verde che trascolora

perché è vecchia, il giallo della zucca
che il bruno della mano tocca
in quest'ora che scotta

ancora, e ancora il tufo di una rocca
ridotta a grotta, a stabbio
e la peschiera fosca

e i porci neri e buoi sciolti
e dopo la fatica quotidiana
l'uomo che si rilassa,

in un giorno di viaggio che mi lascia.

IN THE AFTERNOON

Lazio, alas! So fast, Lazio,
and as the train curves, the sun,
and October taking leave,

distant mountains and castles high above
in blinding light, in a shadow
that isn't mine,

but below, in the valley, the deep
blue of a waistcoat on the green
of a dress faded

with age, the yellow of a squash
the hand's brown touches
in this hour that burns

on, continuing tufa walls
become grotto, become sty,
the murky fishpen,

black swine and bulls roaming
and after the day's labor,
man in repose,

on a day's journey leaving me.

La cavatrice di patate

O cieca raccoglitrice che celi intera
metà della tua faccia anziana
sotto la tela bianca del fazzoletto annodato,
che impolveri metà della tua mano
con una terra che sgretoli invano,

non lasciare, se il giorno dura a lungo,
d'assolvere alla tua mansione, fa'
che la tua tenebra si confonda
con la nostra là dove piana e colle
s'abbracciano ugualmente affaticati,

tendi a quel punto incerto cui io tendo.

Potato picker

O blind collector concealing in entirety
half your ancient face
under the white cloth of a knotted kerchief,
dusting half your arm's length
with earth you crumble in vain—

if the day stretches on, don't leave
your work undone, mingle
your darkness with ours
where hill and plain,
equally cultivated, embrace—

tend toward that uncertain point to which I tend.

NON

Non mi lasciare solo se io
ti lascio sola
e intorno a te la luce
è quella che fa piangere
dei giorni ordinari,

non allontanarti con passo
fiducioso in direzione
dell'estate e non
considerare rassegnata
la fatalità delle averse e del sole,

non acquistare viole in prossimità della casa.

DON'T

Don't leave me alone if I
leave you alone
and around you the light
is the type that makes one weep
for ordinary days,

don't go off with confident
stride in the direction
of summer and don't
consider resigned
the fatal cycle of sunny days and showers,

don't pick violets near the house.

Donne dietro
Genova e altrove

Mentre salivano
la strada polverosa e festiva
risuonò del loro riso -

vecchie e giovani
salivano per un'altra strada serrando
fazzoletti nelle mani era più avanti l'estate
era un altro appennino già di castagni -

qui c'è uno spiazzo dove sostano in pace
è quasi mezzogiorno
nelle montagne dietro Genova come
traspirano e ridono fuori di casa
arrampicandosi e seguendo
docili la strada per cui gli uomini vanno
al lavoro vanno al piacere ma ora
esse sostano in uno spiazzo
pari il cammino fatto e il cammino da fare
e anche una bambina è una donna
il suo destino è segnato lavoro piacere
lavoro e queste giornate
allegre e pellegrine
che escludono gli uomini -

solo si può fare eccezione se un bambino malato
o svogliato nelle merende
che scompartiscono il giorno
ha bisogno di San Fermo e allora è di già

Women behind Genoa
and elsewhere

While they walked
the dusty Sunday road
echoed with their laughter–

women young and old
took another road, closing
kerchiefs in fists, later in summer,
on another apennine, covered with chestnuts–

here's a clearing where they pause quietly
it's almost midday
in the mountains behind Genoa
as they emerge and laugh, away from home,
climbing and sweetly
following the road the men take
to work to pleasure but now
they pause in a clearing,
the walk done equal the walk to come,
and even a child is a woman,
her fate sealed: work pleasure
work and these days
of happy pilgrimage
excluding the men–

an exception can be made only if a boy falls ill
or loses interest in snacks
that break up the day,
so is in need of San Fermo and it's already

il nove agosto sulla via di Zibana
e nella congiuntura tra il fresco
inebriante del mattino e l'ardore di un cielo di zinco
come i secchi dove c'è santo c'è fiera
e una delle donne contratterà un secchio falloso
lasciando che il magnano scherzi con i suoi anni
fiorenti sotto il satin nero stirato
i fianchi di seta dolci
fra i secchi azzurri di zinco
e il bambino Sante di già benedetto
che entra in una plaga di sole dove altri pugnaci
s'intrigano ramati di luce attorno a una palla
di pezza più tardi il sole
avrà girato e s'appresterà a lasciare
Zibana posta in basso
e ad avviarsi
con la piccola compagnia di donne e un bambino
all'erto monte dove dureranno i suoi raggi
e il sudore sui volti feriti e ameni -

questo più avanti
nell'estate e nel giorno e anni prima
e non dietro Genova un mattino di festa
su uno spiazzo con voci di donne in riposo
che io odo nascosto
da un gomito di muro in rovina
su cui crescono piante.

the ninth of August on the road to Zibana
where the intoxicating morning chill
joins the burning sky, zinc
like the pails, to each saint a feast, and one
woman commissions a defective pail,
allowing the blacksmith a joke about her years
flowering under the ironed black satin
the flanks of tender silk
among the blue zinc pails
and the child Sante, already blessed,
enters a sunlit region where other toughs
clash in radiant sunlight around
a cloth ball; later the sun will have run
its course, so one hurries to leave
Zibana located below,
to set forth
with the little group of women and boy
for the pinnacle where sun and sweat
linger on the weary, gentle faces—

all this later
in summer, in the day, and years ago,
not behind Genoa one holiday morning
in a clearing with voices of women resting,
to whom I listen, concealed
by a corner of ruined wall
grown over with weeds.

LA CRESCITA DI UNA BAMBINA

La parola crisi applicata a te
il cappello di paglia viola scolorita
posato con sprezzatura (garbo) femminile
sui tuoi capelli—ce n'era anche troppo
per turbare il corso d'un'estate
imboccato dalla parte opposta alla tua
che per necessità passa di sotto
la cupola-galleria dei platani
infestati da cicale. Ma ora
ci siamo riuniti qui per la vacanza
che ti sei meritata con tanti otto
e qualche nove, con quei quaderni
(già di terza già con righe
come quelle senza le quali non so scrivere)
che sono campicelli ben scompartiti
con i filari della prosa semplice -
paesaggi e ritratti, nevi di Parma
e nonne d'Australia, e anche di più,
il sale delle tue riflessioni
a tempo giusto, la clausola, spesso,
d'un giudizio personale in cui
le verità di generazioni di secoli
i conforti della fede ma anche
quanto Galileo e Colombo
seppero intrepidi osare con mezzi umani
sono verità, luce di mattina e ordine
dell'intelligenza, ardore già d'un carattere,
per cui il caos famigliare prima della
scuola prima dell'ufficio e della donna a ore
si ricompone in un interno di fiandre

The growth of a young girl

The word *crisis,* applied to you–
faded purple straw hat
propped with feminine disdain
(elegance) on your head—plenty there
to upset the course of a summer
set upon from the side opposite,
and necessarily passing under
the cupola-gallery of plane trees
infested with cicadas. But now
we're reunited here for vacation
which you've earned with many nineties
and some hundreds, with those notebooks
(those for highschool already, lined
already like those I can't write without)
that are compact well-organized fields
of long rows of simple prose–
portraits and landscapes, snows of Parma
and Australian grandmothers, and more,
the salt of your reflections
made in good time: the culmination, often,
of a personal judgment
containing the truths of generations, of centuries,
the comforts of faith, but truths
just as Galileo and Columbus held to
in fearlessly daring, within human means–
morning light and the order
of intellect, already the burning will of character–
for which the family chaos before
school before the office before womanhood
composes itself in an interior

illuminate, a metà ombrate
dal vapore dissolventisi adagio,
nell'aria fresca, di caffè e tè.
Che dubbi, che riserve mentali
potevano reggere al tuo ingresso
alato e così terrestre, ormai
anche il cerchietto, plastica ma puro
corallo sul tuo miele naturale,
fissato con l'arco assoluto d'una mezzaluna?
Non così oggi, mentre il libeccio risospinge
le svogliate masnade verso una terra
di pensioni e di garofani mercenari
e tu non ti stacchi dall'assito madido
del capanno, il vecchio copricapo di tua madre
che fingi di portare per difenderti dal sole,
tu sino a ieri invulnerabile, non così:
pencola paurosamente, ti nasconde
quasi un occhio, e questo ti fa ancora più
graziosa. Ma se
te ne rendi conto, sei tu ora
a imbrogliare le carte, a falsificare
l'anagrafe e a fare del petit déjeuner
versiliano non un caos, ma l'inferno. Eppure
se il mattino ti svegli piangendo non tutto
è perduto, Freud ha ragione
ma torto, la nevrosi è sì la condizione
della salute: la salute esiste
però, accontentiamoci che
passate l'estate e l'età
anche tu sia "abbastanza sana,
non troppo malata".

of sunlit Flanders linen, half shaded
by the steam of coffee and tea
slowly dissipating in the cool air.
What doubts, what mental reserve
could have withstood your entrance,
winged yet so earthly, by now
even a barette, plastic but pure
coral on your natural honey,
fixed in a concise halfmoon?
Not so today, while the southwesterly drives
weary marauders toward a land
of boarding houses and mercenary clover,
and you don't peel yourself from the damp panels
of the cabin; wearing your mother's old headgear
ostensibly to protect yourself from the sun,
you, invulnerable until yesterday, are no longer:
it wobbles dangerously, almost covering
an eye, and makes you even more
endearing. But if you
realize this, then it's
you who marks the cards, falsifies
the register, and makes of the *petit déjeuner* at Versilia
not just chaos, but hell. And yet
if you wake up in tears one morning, not everything
is lost, Freud was right
but mistaken, neurosis is the condition
of health; health exists,
however, and let's be content
that summer and this phase having passed,
you too will be "healthy enough,
not too ill."

A Pasolini (in risposta)

Sopravvivenza, la nostra terra? Ma durano a lungo
questi crepuscoli, come d'estate che mai, mai

viene l'ora della lampada accesa, di quelle
falene irragionevoli che vi sbattono contro,

attratte e respinte dal chiarore che è vita
(eppure vita era anche il giorno che muore).

Soltanto ci sia dato, in un tempo incerto
di trapasso, ricordare, ricordare per noi

e per tutti, la pazienza degli anni
che i lampi dell'amore ferirono—e si spensero.

To Pasolini (in response)

Survival, our homeland? But they go on,
these dusks, as in summer when the hour never

ever comes of the lamp-lighting, of
those insensible moths that bang against them,

attracted and repelled by the glow of life
(yet life was also the dying light).

Only if we're able, in an uncertain time
of transition, to remember, remember for ourselves

and for everyone, the patience of the years
love's flares wounded—and extinguished.

A M. Colombi Guidotti
(in memoria)

Mario, questo tuo libro uscito nell'anno '60,
al cominciare di un altro decennio, è come

un disco messo sù nel momento sbagliato,
quando nessuno ascolta perché una voglia

triste di parlare ha preso un po' tutti, quasi
fosse l'ultima occasione di vedersi e sentirsi,

mentre luglio offusca di nuvole il sole
delle vacanze imminenti, la magnolia accompagna

nel buio che discende sulla piana prostrata
la dissoluzione dei tuoi personaggi meschini.

Ma c'è chi resiste, prolunga i folli amori
ravviando la ciocca dall'occhio che brucia

alla nuca dolente per eccessi che più
non vuole l'editore uso al nuovo romanzo.

La sua fedeltà all'infedeltà garantisce
durata alla tua opera oggi tanto negletta -

perciò merita lode essa, la donna di Parma,
che perdendo se stessa salva la tua poesia.

To M. Colombi Guidotti
(in memoriam)

Mario, this book of yours from '60,
at the start of another decade, is like

a record set to play at the wrong moment,
when no one is listening because a sad desire to talk

has more or less possessed everyone, as if
this were the last opportunity to see and hear one another,

while July's clouds obscure the sun
of the imminent holidays, and magnolia accompanies

in the darkness that descends on the prostrate plain
the dissolution of your simple people.

But there's one who resists, prolongs the foolish loves,
brushes a lock of hair back from her burning eye

to the nape aching from excesses the editor
wants cut from the new novel.

Her faith to infidelity guarantees longevity
to your work, so neglected today–

and for that she deserves praise, the woman of Parma,
who in losing herself saves your poetry.

Qui all'occhio chinato

Qui all'occhio chinato erica e cardi all'occhio
levato falchi e il sole. Tu non potrai durare
a così grande splendore di metalli e silenzio. Portati
più giù presso i frutteti selvatici, i rossi sorbi
e la gente che lavora a distanza di valli sotto
il caldo che s'annuvola, lana follata, il sole
al suo tramonto gravante di rose caduche
                    la coperta approntata
                    per la notte.

Here, at the eye inclined

Here, at the eye inclined heather and thistle, at the eye
raised hawks and sun. You won't last long
in such blinding splendor and silence. Take yourself
down farther to the wild orchards, red sorbs
and people working valleys away under
haze-growing heat, wool spun, the setting
sun heavy with fallen roses
                           the bedspread ready
                           for the night.

FRAMMENTO ESCLUSO DAL ROMANZO IN VERSI

È quasi un'altra estate ormai, è già
il tempo dei primi papaveri, cui
non si vuole credere, avanguardia ardita
e imprudente sul passo dei bambini
che tornando da scuola i pomeriggi
sonnolenti accrescono d'un quieto
letargo soffregando sulle palpebre
i petali del fiore che si dice
addormenti per magìa della polvere
nera che macchia la sua carne tenera.
Non dura la pietà per gli steli
lunghi, sottili e ruvidi rimasti
inutili fra le mani tinte,
il dispiacere per le rive alte
dei fossi spoglie ora dei cari emblemi.
Anche il più scontroso della frotta
sul punto di disperdersi, conosce,
poiché ha l'esperienza dei sette anni,
la natura materna delle notti
sempre più calde. Egli sa che domani
la pianura avrà risanato interamente
queste ferite e fiammeggerà d'un esercito
dilagante, sino a stancare gli occhi
svegli su un'altra giornata serena.

FRAGMENT EXCLUDED FROM
THE NOVEL IN VERSE

It's almost another summer, it's already
time for the first poppies, those
you can't quite believe, ardent avant-garde
recklessly in the path of kids
who, returning from school in sleepy
afternoons, feed a quiet lethargy
by rubbing their eyelids
with the petals of the flower
called *sleepy* for the magic black powder
that flecks its tender flesh.
Pity doesn't last for the stems,
coarse, long, and thin,
useless remnants in stained hands,
the remorse of high ditch banks
now stripped of their precious emblems.
From his seven years' experience,
even the worst menace
of the throng about to disperse
knows the maternal nature of these nights
growing steadily warmer. He knows that tomorrow
the meadow will have cleansed
these wounds completely, and will blaze
with an overwhelming army, tiring the eyes
open to another cloudless day.

Il vento e la pioggia

Perché oggi che il vento
porta cattivo tempo
i bambini nascosti
dalla tettoia azzurra di lamiera ondulata
infuriano sulla cagna malata, il gattino
occhidolci, è una femmina, porta
il topo in bocca come un figlio
prima di finirlo?
Questo vento che chiamano marino
cadrà e seguirà
una pioggia tiepida
e altri fatti mi addoloreranno. Poi
tornerà il sereno perché è estate
e venuta la notte
nei boschi neri di castagni gli essiccatoi
in rovina
risulteranno nuovi per la calcina della luna.

Wind and rain

Why today when wind
brings bad weather
do children hidden
by the corrugated blue tin shelter
strike the sick bitch, while the kitten
sweeteyes, she's a female, carries
a mouse in her mouth like a son
before finishing him off?
This wind they call marine
will drop, a tepid rain
will follow,
and other events will sadden me. Then
it will clear again, because it's summer,
and when night has come
to black chestnut woods, the drying sheds
in ruin
will appear new in the chalklime of the moon.

Ritratto di uomo malato

Questo che vedete qui dipinto in sanguigna e nero
e che occupa intero il quadro spazioso
sono io all'età di quarantanove anni, ravvolto
in un'ampia vestaglia che mozza a metà le mani

come fossero fiori, non lascia vedere se il corpo
sia coricato o seduto: così è degli infermi
posti davanti a finestre che incorniciano il giorno,
un altro giorno concesso agli occhi stancantisi presto.

Ma se chiedo al pittore, mio figlio quattordicenne
chi ha voluto ritrarre, egli subito dice
"uno di quei poeti cinesi che mi hai fatto
leggere, mentre guarda fuori, una delle sue ultime ore."

È sincero, ora ricordo d'avergli donato quel libro
che rallegra il cuore di riviere celesti
e brune foglie autunnali; in esso saggi, o finti saggi, poeti
graziosamente lasciano la vita alzando il bicchiere.

Sono io appartenente a un secolo che crede
di non mentire, a ravvisarmi in quell'uomo malato
mentendo a me stesso: e ne scrivo
per esorcizzare un male in cui credo e non credo.

Portrait of a sick man

This man you see here painted in bloodred and black
taking up the entire big canvas
is me at forty-nine, wrapped
in a spacious robe that cuts my hands in half

as if they were flowers, and one can't tell if the body
is reclining or seated: so it is with the unwell,
placed in front of windows that frame the day,
another day conceded to eyes that quickly tire.

But if I ask the painter, my fourteen year-old son,
whom he wanted to portray, he says right away:
"One of those Chinese poets you had me read,
as he gazes outside, in one of his final hours."

He's sincere, I now remember giving him that book
that cheers the heart with celestial rivieras
and dark autumn leaves; in it wise or wise-cracking poets
graciously leave life, glass raised.

Only I, part of a century that believes
it doesn't lie, recognize myself in that sick man
lying to myself: and I write
to exorcise an illness in which I do and do not believe.

Ancora l'insonnia

L'insonnia allunga la giornata, dunque
sia benvenuta -
essa ti aiuta
a gabellare il sergente Morfeo
nella garitta
già d'ombra fitta,
ad aggirare il borgo murato
nel coprifuoco,
a farsi gioco
d'ogni ordinanza al fine di carpire
sui picchi assorti
raggi qui morti,
beata luce in porti ancora diurni.

INSOMNIA AGAIN

Insomnia prolongs the day, and so
should be welcome–
it helps you
trap Sergeant Morpheus
in his sentrybox
already thick with shadow,
to walk around the town
closed in curfew,
to make a game
of every order, with aim to steal
from glowing peaks
rays dead here, blessed light
in ports where day continues.

V   Viaggio d'inverno

V Winter Journey

Notte

O bella insonnia o palpebra
di rovere stirata nello strazio
della luce che mai smette di battere
in questa notte metropolitana

o mia palpebra a filo di quell'altra
o mia notte a sfida di quell'altra
o luce della mia notte
che mai cessi d'esistere -

quale mattino di sangue e di nuvole
domani il cielo svolgerà dinanzi
agli aerei laboriosi per le rotte segnate
nella metamorfosi del tempo sonoro

e quale diurno sereno seguirà
i nembi fittizi e quale quieto svolgersi
del giorno primaverile sino all'animazione
di un crepuscolo infinitamente benigno

per il suo indugio di rosa sopra la città prostrata?

Night

O sweet insomnia o eyelid
of oak flattened in the attack
of light that never tires of battle
in this metropolitan night

o my eyelid a whisp from the other one
o my night in spite of the other one
o light of my night
never cease to persist—

what morning of blood and clouds
will the sky unfold tomorrow
before planes laboring along the paths assigned
in the metamorphosis of echoing time

and what fair day will follow
fictitious clouds and what quiet unfolding
of a day in spring right up to the bustle
of an infinitely benign dusk,

late-lingering rose above an overcome city?

26 MARZO

L'appartamento è al quinto piano e
gli usignolo e i merli dalle piante della clinica -
pini e cipressi neri come antracite e più giù
mandorli ormai sfiorenti dei loro piccoli fiori
bianchi e peri appena dalla notte laccati
di rosso e ancora più in basso quasi a statura
d'uomo arbusti diversi in verdi diversi chiari
o aggrondati come per un diverso sentire -
dalle piante della clinica gli usignoli e i merli
trivellano l'aria ricavandone trucioli
di metallo leggero o di legno venato:
è il loro canto e cantano sempre ma sostano anche
allora si sente il motore a scoppio
nella lontananza che rende più azzurra
l'atmosfera aperta in solchi tranquilli in
canali perdentisi ahimè dove io
non posso procedere obbligato al letto
del riposo pomeridiano cominciando la difficile
primavera del 1963 e la sua ostinata volontà
di ripetere la luce delle altre aggiungendovi
un dolore che le è proprio e di cui essa si gloria.

MARCH 26

The apartment is on the fifth floor and
the nightingales and blackbirds in the trees of the clinic—
pines and cypresses black as anthracite and below
almonds by now losing their little white
flowers and pears gently lacquered red
by night and even lower about the stature
of a person various shrubs in various greens light
or drenched, as though for another sense—
in the trees of the clinic nightingales and blackbirds
drill the air producing chips
of metal foil or shaved wood:
it is their song and they always sing but also pause
then one can hear a distant motor
deepening the blue
atmosphere opening in tranquil corners in
disappearing canals oh my where I
cannot go confined to bed
for the afternoon rest commencing the difficult
spring of 1963 and its obstinate desire
to repeat the light of every other
adding its unique pain, which it glories in.

Discendendo il colle

I

A quest'ora al tramonto se a occidente
il cielo nuvoloso si piagava e diveniva celeste
a oriente il campo mietuto e saccheggiato
ardeva di tanti fuochi: era la città di Roma

nel tardo autunno e qui il Tasso a occidente
del mio cammino in Sant'Onofrio e a oriente Gramsci
in Regina Coeli patirono la bellezza di cieli
similmente piagati un tale ardere di fuochi

poi che un altro anno finiva assai
amaramente della loro vita entrambi
da reclusione e castità sorrisi mentre
più giù più giù nell'ombra che infittisce

e palpita di corpi abbracciati un commercio
prospera per cui non moriranno i borghi
da queste alture ancora ocra e rosa
prima della notte e di un lume di luna

tiepido come latte e portatore d'insonnia.

II

Splendi ottone risuona legno poi che
dicembre ha disperso la nuvolaglia e viene
Natale tutto il cielo è celeste
chiara la città come una rosa.

Descending the hill

I

At this time at sunset if to the west
clouds ruptured and the sky cleared
to the east the fields harvested and razed
burned with many fires: that was the city of Rome

in late autumn and here Tasso to the west
of my path in Sant'Onofrio and to the east Gramsci
in Regina Coeli suffered the beauty of similarly
ruptured skies the same burning fires

as another year of life came to an end
bitterly enough both smiling
in imprisonment and celibacy while
down and down into darkness grown thick

and avid with bodies embracing a trade
prospers so towns won't fade
on these heights still ochre and pink
before nightfall and moonlight

tepid as milk, bearer of insomnia.

II

Let brass gleam and wood echo, now that December
has split up the stormcloud and Christmas
draws close, the whole sky blue,
the city lucid as a rose.

O pomeriggio trasmutato in sera o baci
nell'illuminarsi e perdurare scuro
di vicoli e piazzette, petali
umidi di una polluzione notturna:

questa notte sveglia, la rosa
e le cornamuse dolcemente nasali
che seguirono il sereno e i suoi
lampi, lontane. E fu

il marasma o la sua prova
generale: doveva accadere qui in un
inverno corruttore e languido
così che il sudore improvviso sembrasse naturale.

III

Lo stesso amaro profumo del sempreverde
e sapore di fumo in bocca per
sarmenti bruciati—è il lavoro d'ogni giorno
da metà gennaio per questi
giardinieri avventizi, uomini
di grandi vizi e d'una media miseria,
adulteri stempiati per cui
i minorenni s'equivalgono, amati
più della vita.
Qui dove ormai, e sempre,
la bellezza soltanto dà suono
sincero, metallo che corrusca
non si consuma alla saliva dei baci.
Ne riceve ferite discendendo
il colle inebbriante di sereni lontani -
l'orizzonte aperto perché le giornate s'allungano -
chi si credette temprato dai rigori
d'un'infanzia ostinata
nell'Italia e nell'Europa che ancora
avvolge notte e nebbia e stringe gelo delirante d'inverno.

O late day become evening or kisses
along the illuminated, darkening lengths
of alleys and squares, petals
damp with nighttime pollution:

this night awakens, the rose
and cornamuse nasal and sweet,
following the clear sky and its
distant glowing. And it was

decline, or its dress
rehearsal: it had to happen here
in a winter so languid and corrupting
a sudden sweat would appear natural.

III

The same sharp scent of evergreens
and taste of smoke in the mouth
from burning vines—it's the work of each day
since mid-January for these
itinerant gardeners, men
of grand vices and common misery,
balding adulterers for whom
all the minors are equal,
loved more than life.
Here, where by now, as ever,
only beauty rings true,
metal that glimmers
doesn't dissolve in a kiss.
It scars one who descends
the hill of stunning, clear vistas–
the horizon wider as the days grow longer–
one who'd thought himself toughened
by the rigors of a stubborn childhood
in the Italy and the Europe
still cloaked in night and fog, in winter's frigid grip.

Ma lascia che al braccio piegato
(piagato) d'una curva sbianchi
la facciata d'un ospedale
dove soffrono bambini, senti
gemere il sempreverde nel piccolo
falò terminale: non disperare.

But, at the folded
(ruptured) arm of a curve, let color fade
from the facade of a hospital
where children suffer; listen
to the evergreen moan in the final
little bonfire: don't despair.

Lasciami sanguinare

Lasciami sanguinare sulla strada
sulla polvere sull'antipolvere sull'erba,
il cuore palpitando nel suo ritmo feriale
maschere verdi sulle case i rami

di castagno, i freschi rami, due uccelli
il maschio e la femmina volati via,
la pupilla duole se tenta
di seguirne la fuga l'amore

per le solitudini aria acqua del Bràtica,
non soccorrermi quando nel muovere
il braccio riapro la ferita il liquido
liquoroso m'inorridisce la vista,

attendi paziente oltre la curva via
l'alzarsi del vento nel mezzogiorno, fingi
soltanto allora d'avermi udito chiamare,
entra nella mia visuale da un giorno

quieto di settembre, la tavola apparecchiata
i figli stanchi d'attendere, i figli
giovani col colore della gioventù
esaltato da una luce che quei rami inverdiscono.

Leave me to bleed

Leave me to bleed on the street
on dust on dirt on grass
the heart beating in its daily rhythm
green masks on the houses, branches

of chestnuts, fresh shoots, two birds
the male and the female flown away,
the eyes ache if they try
to follow their flight the love

of solitudes air water of the Bratica,
don't come to my aid when in moving
my arm I reopen the wound, the sight
of the liqueur-like liquid horrifies me,

wait patiently beyond the curve, in the noontime lift
of the wind, pretend to have heard
me call only then,
enter my vision from a quiet

day in September, table set,
the children weary of waiting, the children
young with the color of youth
glowing in a light showing green through those branches.

Restauro di un tetto

Questo nostro ritorno, e soggiorno, qui a settembre avanzato
con un sole che scotta e farfalle gialle nell'aria
fiori perdutamente colorati traboccanti della rete metallica
degli orti in ultima maturità e spoliazione, questo

tuo assoldare fini artigiani anziani, in disarmo,
e fargli aguzzare la vista stremare i muscoli nel
restauro difficile del tetto d'ardesia, acrobati
quieti la canizie bagnata d'azzurro, musici

intermittenti che le valli echeggiano tanto
è il silenzio delle ore travalicato il meriggio -
ma trattienine l'oro negli occhi innamorati ancora
così che l'opera sia compiuta nel tempo previsto

e tenuto lontano l'orrore del buio ammassantesi
nei viottoli a impedire le fughe anche senza speranza
poi che i ponti sono tutti in rovina
sotto stelle benigne e irremovibili -

e la mia docile accettazione d'una così fidente
laboriosità, d'un così attivo utilizzo
di margini diurni ai confini della notte, non sarebbe forse . . .
Ma non è, non è se la contraddizione della poesia

in progresso, il suo diniego fiammante
dura, e prolunga l'estate, insieme prepara
l'autunno e dunque piogge, malattie, riprese,
con fumi in cieli schiarentisi nei pertugi dell'ovest.

RESTORATION OF A ROOF

Our return and short stay here in late September
the sun scorching and yellow butterflies in midair
darkly colored flowers spilling over the wire fence
of orchards in late ripeness and plunder, your

hiring fine old artisans out of retirement
and having them sharpen sight and strain muscles
in the difficult restoration of the slate roof, quiet
acrobats, their crowns blue-stained white, sporadic

musicians echoed by the valley, so
silent are the hours, noon surpassed—
yet your eyes preserve its lustre, captivated still
so the work will be finished in the time foreseen

and the horror kept at bay, of the darkness massed
in alleys impeding flight, even without hope,
since all the bridges are in ruins
under immovable, benign stars—

and my docile acceptance of such unquestioning
industry, of such energetic use
of the limits of day, right up to the confines of night, isn't that just . . .
But no, it's not, not if the resistance of the poem

in progress—its ardent opposition—
endures, prolongs summer, and prepares
autumn; and thus rain, illness, relapse,
smoke in skies clearing in western apertures.

Così sul finire

Non potrebbe esservi la spossatezza di un giorno
sul finire, il vino alzato contro i raggi
trafiggenti le pupille di chi osa guardare
e guai a lui che conoscerà le città

in fiamme oltre le foreste familiari
ignari gli uccelli intenti a godere la luce
estrema dalle cupole dei castagni e anche
ignari gli ultimi abitanti di queste

plaghe benedette dall'abbandono, vecchia
con raccolti stecchi ormai inutili se non
per accendere esorcismi dove il sentiero esce
all'aperto e sul suo nastro indistinto
c'è già chi si trova in vista delle case,

è un ragazzo con del rosso indosso
di cui l'aria limpida poco prima
di scurire propaga il fischio tenuto
lunghissimo perché è l'ultima volta?

Così sul finire non soltanto di un giorno
e nel luogo giusto cui dalle maremme
con cavalli erano giunti in principio,
così sul finire con un brindisi giusto.

And so at the end

Couldn't this be the exhaustion of a day
coming to an end, wine lifted to rays
piercing the eyes of whoever dares gaze
and vexing one who'll know cities

in flames beyond familiar forests
unaware the birds intent on enjoying the last
light from canopies of chestnuts and unaware
also the last inhabitants of these

regions in blessed desolation, old woman
with salvaged sticks useless by now unless
to ignite exorcisms where the trail emerges
into the open, and on its frail ribbon
already someone is within sight of the houses,

it's a boy with something red on
which the limpid air just before
darkening prolongs the whistle so long
sustained because for the last time?

And so at the end, not just of a day
and in the right place to which from the Maremme
they'd come with horses in the beginning,
and so at the end with a proper toast.

L'undici agosto

La matura perfezione di questa giornata -
l'undici agosto ma è come fosse settembre
e la roccia è rugosa, dolce, contenente succo -
include nella sua luce la montagna

presente, prati sonori al piede dorati
alla vista, Antiope dormiente, boschi
neri alla vista a penetrare argentei
di lumache e di vene colanti acqua da

più sù più sù, dove improvviso è il cielo
a mostrarsi in quella seta pesante d'oggi
celeste con applicazioni in seta bianca
rasata e in oro sagrale (nuvole e sole),

la pianura anche, la cui percezione
non sarà, in tale lontananza, possibile
se non dopo la fatica d'arrampicarsi al crinale
e lì contemplarla in una falce brunita

che il padre giovane regge alta seguito
da un figlio già cacciatore di nidi da
una figlia in lilla stinto da una moglie
già vecchia e in quello specchio mobile affrettati

a fissare gli occhi vedrai la città orizzontale
signora del vizio e della conversazione *paisible*
attraversata da ponti decorata da belvederi:
una tale perfezione era da ricordare.

AUGUST ELEVENTH

The ripened perfection of this day–
August eleventh but it's like September
the rock split, sweet, containing nectar–
enfolds in its light this mountain

here, meadows abuzz underfoot golden
to the eye, Antiope asleep, woods
black to the eye the silver penetrations
of snails and veins filtering water from

way upon high, where suddenly the sky
shows itself in today's heavy silk finery
pale blue with insignia of white silk trim
and festive gold (clouds and sun),

the lowland too, a view of which
won't be, at such distance, possible
except after the tiring climb to the ridge,
and once there, to be contemplated in a burnished scythe

the young father holds aloft followed
by a son already a hunter of nests by
a daughter in faded lilac by a wife
already aged and in that mobile mirror hurry

to focus your sight you'll see the horizontal city
lady of vice and *paisible** conversation
traversed by bridges festooned with belvederes:
such perfection was to be remembered.

* A French term for "pleasant" that has its roots in 12th C. Provençal and deliber-
ately evokes the Savoiard heritage of Parma

L'ALBERGO

Qui fabbricano un albergo dove
la strada piega e io sento
l'odore di legno nuovo degli infissi odo
il suono dei carpentieri le voci intermittenti

prima di vedere la costruzione l'aria
dei mille metri è fresca a fine luglio
come d'autunno il castagno è malato
la sua doratura diffusa significa morte.

Mi dicono che le stanze da letto saranno cinque
le due più belle volte a tramontana
immagino estati che verranno in ombra
quasi perenne sino al dissanguarsi dei giorni.

Immagino dopo anni di esercizio inutili
strofinacci sul parquet rustico lenzuola
in acqua corrente di Bràtica al sole
fragrante delle nevi negli inverni a venire:

perché il vizio girovago sarà di qui transitato
godendo di queste lane e tele ed avrà
ripreso il suo andare vivacemente inquieto
lasciando impronte impossibili a togliersi.

Oh su di esse posare l'occhio indebolito e vorace
in un soggiorno preparato con cura
e disperazione trattando con gestori venuti
fra queste valli—dissestati—dalla pianura.

The hotel

Here they're building a hotel at
a switchback in the road and I breathe
the odor of new wood beams I listen
to the sound of carpenters the intermittent voices

before seeing the construction the air
at a thousand meters is cool as in autumn
at July's end the chestnut is ill
its diffuse gold signifies death.

They tell me there will be five bedrooms
the two best facing the north wind
I imagine summers they'll be deep in shadow
up to the day's absolute end.

I imagine after years of repetition needless
polish on rustic parquet bedding
in the Bratica's rushing water in the sun
fragrant with snow in future winters:

because the wandering vice will have passed through
enjoying sheets and blankets and gone
on its way restlessly lively
leaving tracks that cannot be erased.

Oh to rest the weakened voracious eye on this
during a visit prepared with care
and desperation dealing with managers
come into these valleys—into ruin—from the plain.

I RASTRELLATORI

Guardando da disteso sul pendìo agostano
il cielo bruciato dal sereno medicato da poche
nuvole bende mobili perché allentate il fresco
della sera ormai imminente e inevitabile -

guardando a lungo e chi guardi a lungo
cielo e esseri sentirà dolore negli occhi
e si troverà vicino alla perdizione -
vidi a un tratto stormi d'uccelli migranti

i cui componenti bruni intersecantisi
in perpetuo frusciavano lontanissimi
senza violare il silenzio delle strade
svolgentisi da villaggio a coltivi

e viceversa recando distanti persone
incamminate al lavoro estremo del giorno
o all'incontrario in nessuna comunicazione -
e andavano i drappelli alati a sud e sembrava

obbedissero a un ordine segreto e avessero
una direzione ma tornavano volti
al verso opposto sempre trasmutandosi
nella singola formazione i piccoli

volatori testardi e mi parve di vederli
simili a coloro che furono qui in transito
parimenti cieco nella geometria irragionevole -
soldati scomparsi dalla memoria di tutti.

The rake

Stretched out on the August slope watching
the sky, burned by its clarity medicated by several
clouds, mobile bandages because loosened by the chill
of evening now imminent and inevitable–

watching at length, and one who at length watches
the heavens and animals will feel pain in the eyes
and find himself near perdition–
suddenly I saw flocks of birds migrating

their dark sections interchanging
beating perpetually into the distance
without violating the silence of streets
unwinding from village to fields

and viceversa, carrying far away people
walking to the last task of day
or the reverse, in no communication–
the winged squadrons were heading south and seemed

to obey a secret order and to have
a direction but they returned facing
about, always shifting
in single formation, stubborn

little aviators, and to me they appeared
like those once here in transit
equally blind in unthinking geometry–
soldiers slipped from everybody's memory.

I cani

Se non erano i due cani e la cagna
nell'ora torbida delle dieci
lavorative tra fine inverno e primavera
se non era il loro ingombro del marciapiede -

quando più si scontrava per le vie cittadine
senza riconoscersi la folla degli anni
cui è assegnato il volgere inevitabile
della mia vita sotto ferme tempeste -

e il loro muoversi allegro poi che una voce
di donna una passante in faccende e suo
monologante scandalo aveva sciolto il rapporto
a tre chissà quanto prima in che viva

aria di mattina presto rugiada e sole nascente
intrecciato—qui soltanto momentaneamente
impedito—andavano divisi e uniti aprendosi
agli occhi marrone alle gambe in disordine

terreni vaghi su cui il sole già forte
profondeva luce e calore esaltando mucchi
d'immondizie e muri abbandonati
così da trasparire il mattone poroso -

sarebbe la speranza morta che ora in me ride.

THE DOGS

If not for the dogs, two males and a bitch
in the busy hour, ten
of a workday between winter's end and spring
blocking the sidewalk–

when you're most likely to run into the crowd of years
unrecognized on city streets
the crowd in which the inevitable progress of my life
is invested, under fixed storms–

and their happy movement to the sound
of a woman's voice a passerby running errands and her
monologue *scandalous* that broke up the menage
of three who knows how long ago in what lively

air of early morning mist interlacing
with a rising sun—here only momentarily
impeded—they went off dividing and uniting opening
onto their brown eyes and disordered legs

blurry plots where an already strong sun
dispensed light and heat exalting heaps
of debris and ruined walls,
shining through the porous brick–

that would be the dead hope laughing in me now.

Viaggio d'inverno

a G.

Vigorosamente imbocca la strada del mattino
con vigore e dolore distaccati da me
verso Cuma il tuo cuore giovane batta in sintonia
con l'antica e fresca musica di ruote e di rotaie.

Nella Campania felice che diverrà del tuo tedio
primamente virile accogliendoti viti
tirate altissime e spoglie per l'inverno
ma immagazzinanti una luce che può invidiare l'estate?

Ora io sogno delle stanze d'albergo
che s'offriranno alle tue membra affaticate
origlieri che il vizio ha sformato eppure
rinnova una tela fragrante e la tua fronte pura.

Pellegrino mio pellegrino la tua inquietudine la tua
fiducia amara mi torturano il petto
e mi salvano dall'ignominia del vivere nutrono
un'insonnia benigna con addii di convogli

e persistere di scolte astrali sopra la terra.

26 dicembre 1965—6 gennaio 1966

WINTER JOURNEY

for G.

Vigorously set forth in the morning
with vigor and sorrow take your leave
toward Cuma your young heart beats in synchrony
with the music, fresh and ancient, of tracks and tires.

In *Campania felix* what will become of your virile
youthful energy the welcoming vines
strung high and pruned for winter
preserving a light summer could envy?

Now I dream of hotel rooms
that will offer your tired limbs
cushions misshapen by vice and yet
fresh canvas to restore your pure brow.

Pilgrim my pilgrim your disquiet your
bitter faith torture my heart
rescue me from the ignominy of life
sustain a benign insomnia with farewells with processions

and the pursuit of astral escorts over the earth.

26 December 1965—6 January 1966

Decisioni per un orto

Bisogna rivalutare questo orto
recingerlo dove è aperto di rete metallica
azzurra sostituendo i pali fradici
pallidi di vecchiaia con altri

appena scortecciati di un bianco
che si dora all'aria con lentezza
e felicità e saranno le piogge e le nevi
di là da venire ad argentarli

così che di essi non si distingua l'età.
A suo tempo ricordarsi delle sementi
da inviare qui perché si provveda
a rendere fruttifera una terra

che produce soltanto alte ortiche
e gramigne ruvide e da una pianta folgorata
prugne selvatiche eccessivamente dolci.
Pregio di tale appezzamento misero

l'esposizione a occidente e dunque
sul suo pendìo il sole della sera
a lambirci la faccia vecchio cane
da caccia in pista fra cielo e boschi

sublimi per altezza e intrico nero di rami.

Decisions for an orchard

This orchard needs to be reconsidered
enclosed where exposed with blue metal
mesh, its rotted posts, faded
with age, replaced by others

newly stripped to a white
the air slowly, contentedly
turns golden, while the rain and snow
still to come make them glow

so their age won't be evident.
In good time remember to send
seeds here to render
fruitful an earth

that produces only tall nettles,
prickly weeds, and from a lightning-split tree,
wild, exceedingly sweet plums.
The value of such a small plot

is its western exposure, and so
on its slope the evening sun
licks your face, old retriever
on the track between heavens and woods

sublime in height and black tangle of branches.

Dal balcone

Guardavamo insieme dall'alto sentivamo
all'unisono era un momento privilegiato
vedevamo il bambino con il suo
rastrello solitario quietamente adunare

foglie di principio dell'estate
già in lamine e in colore perso più in là
strappava gramigne e sarchiava radiosa
per una luce che lei il bambino escludendo

avvolgeva una suora giardiniera vigorosa
vecchia eppure non domata dagli anni
impolverata di terra arenosa santificata
dal sole ormai radente in ombra il figlio secolare

d'una madre giovane in clinica il merlo
venuto curioso con il suo nero a dire
la notte imminente portatrice d'insonnia
non più bene divisibile fra me e te

separati dal muro intrecciato di rose.

From the balcony

Watching together from on high listening
together it was a privileged moment
we saw the solitary boy with his rake
peacefully collect

leaves of early summer
already crumpled and dark while beyond
pulling weeds and tilling soil radiant
with a light that she removing the boy

protected a nun vigorous gardener
aged yet unbowed by the years
dusted with sandy earth sanctified
by the sun now glowing in darkness the secular son

of a young mother in the clinic the curious
blackbird come with his black to say
night imminent carrier of insomnia
no longer well divisible between you and me

separated by the wall laced with roses.

La strada della Spezia

L'ho incontrato ai cancelli rugginosi e divelti
la muffa bianca della barba aprentisi
nei gemini laghi degli occhi in sosta
verso il mare dietro

gli rideva il rosso del pomodoro donne
radianti nei travestimenti maschili occhieggiando
tra foglie e frutti inverdite le mani
le guance alte il sole

eterno in un tale giorno d'agricoltura fervente
sino alle prime colline
nunzi della sera senza una nuvola
i trattorini limpidi di giallo e intitolati di minio

in corsa lungo il cielo crepuscolare
così da schiarirlo e allora
ricevuto l'ombrello vecchio ragnato
e dettomi grazie senza religione l'intrepido

mio coetaneo s'avviava occidentale alla volta
della Spezia popolosa con tanta pianura
ancora da battere e appennino celeste
ai suoi occhi celesti maledetta l'Italia

che gli offriva l'animato concerto della sera
nella ricca Emilia estiva il refrigerio improvviso
ai piedi cotti dell'acqua irrigante
dai campi sazi lui mai sazio di alcool.

The road to La Spezia

I met him by the loose rusted gates
the white mould of beard open
at the twin lakes of eyes resting
en route to the sea behind

him blushed tomato red women
radiant in male clothing peering
between leaf and fruit hands stained
cheeks high the sun

immortal in a day of such fervent cultivation
right up to the first hills
heralds of evening without a cloud
limpid tractors of yellow written in rust

made their way along the sky of dusk
to clear it off and then
having received the threadbare old umbrella
and told me thanks without religion my brave

contemporary headed westerly into the vicinity
of La Spezia populous with so much lowland
still to cover and the apennine blue
on his blue eyes the Italy damned

that offered him the lively concert of evening
in the rich Emilian summer the sudden chill
on baking feet of irrigation water
from satiated fields: him, never sated by alcohol.

La Spezia raggiunta

Così sono giunto alla popolosa città
(le nove del mattino d'estate le vie sono lavate)
alla mercantile città alla marittima città -
le notti dell'Appennino dormivo vicino alle stelle -

così sono giunto alla Spezia agognata
(i palazzi sono alti prendono aria dal mare)
cinturata da cantieri chiomata da colline
(sui marciapiedi azzurri s'addensano le gambe)

così eccomi con molto amore e tremore -
notti e notti avevo dormito sotto muri in rovina -
in una città così bella perché così nuova -
vedendomi i montanari dai groppi storcevano gli occhi -

e giovani studenti marinai e anche serve
con canzoni alle labbra il tricolore sugli alberi -
finiti i castagni ho benedetto una ciminiera -
sugli alberi del mare il tricolore italiano.

La Spezia attained

So I've come to the populous city
(nine of a summer morning the streets are clean)
to the mercantile city to the maritime city—
nights in the Apennines I slept by the stars—

so I've come to long-sought La Spezia
(the buildings are tall they take sea air in)
girded by dockyards crested by hills
(pavements grow dense blue with legs)

so I'm here with much love and fear—
night after night I slept by ruined walls—
in a city so beautiful because so unfamiliar
seeing me highlanders squinted and stared—

young students sailors also maids
with songs on their lips, the tricolor in the trees—
the chestnuts past I blessed a smokestack—
high on masts of the marine, the Italian tricolor.

Viaggiando verso la primavera

ho incontrato il mare grigio sfiorito di mimose
mi sono adattato
ho assolto con pazienza al mio mandato -

dal mare grigio un occhio di luce mi chiamava
spostandosi mi turbava visibilmente
la mia faccia infiammava

quella vita mobile facendosi sera sulle acque.

Traveling toward spring

I encountered the gray sea fringed with mimosa
and adjusted
patiently completed my task–

from the gray sea an eye of light called to me
in shifting it disturbed me visibly
my face inflamed

that mobile life become evening on the waters.

Di mattina presto e più tardi

Giugno può essere afoso
come in questo mattino di Corpus Domini -

ma molto presto nel giardino della clinica
una piccola processione si svolgeva sonora
sotto il baldacchino di un cielo azzurrissimo
sfolgorando sulle drappelle di Cristo il carminio
delle croci nel bianco della seta pesante vento
dal mare commovendo l'aria rugiada rianimando
rose ormai condannate sino alle resurrezioni ottobrine
scadendo il tempo massimo dei sonniferi amari
sanguinando il sole negli interstizi delle serrande -

ma presto senza remissione nel giardino precluso -

non qui e ora dove è un mattino afoso
e traspare appena un sereno sbiadito
                                    s'approssima
l'ora del pasto festivo e della siesta tachicardica:

in un simile frangente lascia
che la padrona e la servente parlino
quiete cacciandoti escludendoti -

tu ipocrita voyeur mio simile mio io.

Early in the morning and later

June can be humid
as in this morning of Corpus Domini–

but very early in the clinic's garden
a little procession unfolded echoing
under the canopy of deep blue sky
shining on pennants of Christ the carmine
of crosses in heavy white silk the sea
wind awakening the air dew giving new
life to roses condemned until the October resurrections
past the high point of bitter drowsiness
a red sun bled through interstices of the blinds–

but early and unrelenting in the secluded garden–

not now not here where it's a humid morning
a pale clarity just appears
                              and the hour nears
of the holiday meal and the monitored nap:

on a similar note let
lady and maid speak quietly
finding you excluding you–

you hypocrite voyeur my twin my I.

Entrando nel tunnel

Entrando nel tunnel verde calpestando la terra
chiazzata di violetto—le ombre
sono colorate o sono le spoglie
del glicine ancora qui da noi—pensavo

d'andare incontro al fresco del mattino
a occhi vivaci
a un virile fervore a forni accesi
allegramente riducenti in faville ultima notte -

ma uscito fuori era il calore
del giorno e io
costeggiavo una messe inutile e vuota
una sonora segale selvatica

incrociavo snervati adolescenti imperiali procedevo
in pieno sole solo.
Avrebbe mai il mio sguardo
incontrato montagne azzurre per la distanza

la mia sete trovato acqua scaturente da rocce?

ENTERING THE TUNNEL

Entering the green tunnel trampling the ground
mottled with purple—the shadows
have color, or these are cuttings
of the remaining wisteria—I was thinking

of joining the coolness of morning
with eyes sparkling energy virile
ovens ablaze
last night happily being razed–

but once outside there was the heat
of day and I
circled an empty useless harvest
a rustling wild rye

I encountered jaded imperial adolescents I proceded
alone in full sun.
Would my glance have ever
encountered mountains blue in the distance

my thirst ever found water springing from rock?

Eliot a dodici anni
(da una fotografia)

Oggi un vento caldo corre la terra,
non arido non secco come sarà più tardi,
trascinando foglie di rame in un suono
che imita l'inferno prepara il purgatorio

e la sua sonnolenza autunnale. Questo
è marzo con il sole che ti fa
stringere gli occhi fondi, brune violette
su cui s'aggrondano i capelli scomposti

quanto permette, o esige, l'etichetta della
Nuova Inghilterra esule su rive
meridionali: e tu mai di petto
vorrai combatterla. Vincerla -

se oggi l'amara bocca adolescente tale
proposito e impegno significa mentre
contro il muro di mattoni il fotografo
finge la tua esecuzione e i ginocchi

illanguidiscono colpevolmente al tepore
della stagione e dell'età—e vinta
abbandonarla vuota sulle rive del tempo,
e lucente, vorrà dire vivere e scrivere

sino al gennaio inclemente, all'inverno delle ossa.

Eliot at twelve (from a photograph)

Today a hot wind rushes along the ground,
not arid or dry as it will be later,
ripping leaves from branches with a sound
that imitates inferno prepares purgatory

and its autumnal somnolence. It is
March with a sun that makes you
squint hidden eyes, dark violets
over which your hair hangs as loosely

as allowed, or required, by New England
etiquette, exile on its southern
banks: and you'll never really
want to challenge it. To overcome it–

if today that bitter adolescent mouth
implies such purpose and determination, while
against the brick wall the photographer feigns
your execution—knees

bending guiltily in the warmth
of the season, and your youth—and once overcome,
to leave its empty shell gleaming
on the banks of time—would mean to live and write

through to inclement January: to the winter of bones.

I mesi

a Roberto Tassi

Letto in Emile Mâle che gli scultori del Nord
nella serie dei mesi fanno trebbiatore settembre
in Italia fanno luglio.
Ma qui oltre i mille metri sull'Appennino non è

già il tempo girato un'altra volta l'estate sconfitta
e scesa in pianura come una villeggiante
stanca d'annuvolamenti meridiani?
Poi è tornato il sereno con lunghi respiri celesti

perché possano battere il grano maturato a fatica
con le more e le nocciole che ne limitano i campi
brevi e bruniti da piogge
rifugio di quaglie interrogantisi nel grigioazzurro

zinco dell'alba. Ora è il pomeriggio lento
a passare misurato al metronomo
del piccolo motore a scoppio
di una trebbiatrice in miniatura venuta dalla Toscanella

evoluta che sta dietro il crinale impervio e prende
tepore dal mare. Il cuore si rassicura e batte
regolare con la battitura
delle spighe se questa fatica o festa agricola dura

al chiudersi del millennio che s'apre con i mesi di Francia.

THE MONTHS

for Roberto Tassi

Read in Emile Mâle that the sculptors of the North
make September the thresher in the series of months
in Italy it's July.
But here above a thousand meters in the Apennines

hasn't that time come around again, summer defeated,
retreated to the valley like a vacationer
tired of afternoon clouds?
Then it's clear again with long blue breaths

so the late-ripening grain can be threshed
with the blackberries and nuts
bordering narrow fields darkened by rain
refuge for quails talkative in the grayblue

zinc of dawn. Now it's afternoon, slow
to pass, measured by the metronome
of the little engine in the thresher
in miniature come from advanced Toscanella

behind the impervious ridge, taking
warmth from the sea. One's heart is restored, and beats
along with the beating
ears of wheat, if this rural labor or feast will last

to the close of a millennium that opens with the months of France.

Come vi piace

Mite allegro per il gocciolare dei faggi
dolente nella vita piegata raccolgo
per la prima volta con impegno frutti
spontanei della terra lamponi impalliditi

dalla pelurie eppure nel verde
della macchia visibili anche all'occhio debole
per gli anni consumati
in virtù del loro rosso l'unico

esistente qui dove non Jaques* non Amiens
né il Duca amato tingono
l'aria lontana dei loro abiti passando
oltre una canzone di baci

autunnale quando un tuo
improvviso distrarti dal lavoro a due
per delle genziane blu viste
allo scoperto su un pendìo scosceso

lascia me solo miserabile in basso.

*La grafia, erronea, è shakespeariana.

As You Like It

Humble and content amidst dripping beeches
suffering in life of labor I collect
for the first time with purpose
spontaneous fruit of the earth raspberries

pale with down yet in the green
foliage visible even to the eye weak
and worn by the years
by virtue of their red unique

here where neither Jaques* nor Amiens
nor the beloved Duke
graze rarified air with a cape
in passing beyond a song of autumn

kisses when your sudden
distractions from work as a pair
beside blue gentians in plain sight
on a craggy slope

leave me wretched and alone down below.

*The spelling, erroneous, is Shakespearian.

LUNEDÌ

La settimana si apre con azzurro e bianco
mobilità e suono nuvole e stormi volanti
parole portate via dal vento lasciate
cadere nel viale ad ammucchiarsi con le foglie

e tanto amore inutilizzabile ai confini dell'inverno
a meno di non bruciarlo fra cartoni e plateaux
schiodati con allegria dove bruniva uva
faville e fumo fanno precipitare la sera

e l'età unitamente così che di lagrime
ti si mescola il vino che da sempre consola
chi giunge a questi termini ferrei del giorno
e della città terrena ormai palpitante

d'abbracci sulle rive di fango
e sussurrante addii propizi a una notte
che ognuno dovrà affrontare solo vizio e orazione
smorendo inalimentati presso i letti raggiunti.

MONDAY

The week opens with blue and white
motion and sound clouds and flocks in flight
words swept away by the wind let them
drop in lanes to gather with leaves

and so much love useless at the limits of winter
unless burned with cardboard and crates
pried apart with joy where grapes darkened
sparks and smoke hasten evening

and age as one so you mingle tears
with the wine that has always consoled
whoever arrives at these iron gates of day
and of the earthly city avid now

with embraces on muddy banks
and whispered goodbyes promising a night
everyone will have to face alone vice and prayer
fading unfed by the long-sought bed.

I GABBIANI

Non avevo mai visto gabbiani sulle rive del Tevere
cangianti in questa fine d'inverno le penne e le acque.

Mi sono appoggiato al granito come fanno quelli
che vegliano sulla propria vita o morte usando

un'intenta pazienza ma i miei occhi distratti
seguivano le planate rapinose degli uccelli plumbeoargentei

sino a che furono sazi i ventri affusolati i becchi
già risplendendo su altri flutti a un sole diverso

per il procedere inevitabile del tempo le mie
pupille stanche e ancora voraci ormai volte

sull'emporio mobile delle vie popolose di Roma
alla cerca disperata nell'ora dell'ipoglicemia

d'un alimento improvviso soltanto a me noto
in una rivelazione gioiosa e sterile nell'ombra-luce

sanguigna da attici e cornicioni meridiani
fumigando sui colli i rami verdi della potatura

sino a ottenebrare il cielo pietoso del ritorno.

SEAGULLS

I had never seen seagulls on the banks of the Tiber
changing feathers and waters at winter's end.

I leaned on the granite like those who watch over
their own life or death

with patient determination but my distracted eyes
followed the leadsilver birds' rapacious flight

until they were sated bellies round beaks already
shining over other currents in another sun

according to the inevitable march of time and my
tired eyes still hungry now turned

to the mobile emporium of the crowded streets of Rome
in desperate search in the hypoglycemic hour

of quick nourishment noted only by me
in a revelation joyous and sterile in the bloodred

shadowlight of attics and southern cornices
pruned green branches smoking on the hills

eventually darkening the merciful sky of return.

Vermiglia era

Vermiglia era la sera e io Lasciatemi
dormire Che io continui a dormire procedevo
verso il collinoso cumulo di dimore
avvicinandomi al vermiglio volto della sera

che una sciarpa fuggente Oh fa'
che io dorma avanzavo
per una salita dolce quasi impercettibile
luce del giorno e rosso della sera

su me che camminavo impegnando
una mortale contesa e io
impotente seguivo
la direzione della sera

chiedendo pietà e ancora sonno a questi lari benigni.

Vermilion was

Vermilion was the evening and I, Leave me
to sleep, If I could only continue to sleep, I proceded
toward the hilly cumulus of dwellings
approaching the vermilion face of evening

that a scarf in flight, Oh let
me sleep, I was heading
up a gentle slope an almost imperceptible
light of day and red of evening

on me walking having undertaken
a mortal battle and impotent
I followed
the direction of evening

asking for mercy and more sleep of these kind lares.

Ritornare qui

Ritornare qui è come risuscitare
e sentirsi chiedere per quanto tempo
oh non molto l'inverno arriva presto
e siamo attrezzati tutt'al più per l'autunno.

A questo sole che esalta i colori dei fiori
e inebbria le farfalle in voli di sbieco
verso la profondità degli abissi domestici
dove la plastica ammaccata stinge il suo azzurro sul verde

il bambino ingessato per quaranta giorni abbronza
tardivamente i pomelli montanari sta
imparando la pazienza delle malattie auguri
e auguri ancora per gli anni che verranno.

L'inganno utile dell'ora legale
non impedisce che le giornate si accorcino
e che il vento suoni con flabelli di foglie
condannate in maniera visibile e tragica

dalla luce nemica del cielo rasserenato.

To return here

To return here is to revive
and hear oneself ask how much longer
oh not long winter's here soon
and we're more than well equipped for fall.

In this sun that intensifies the colors of the flowers
and stuns butterflies flying astray
deep into the domestic abyss
where scuffed plastic stains green blue

the boy in a forty-day cast is getting a late tan
on his mountain cheeks,
learning the patience illness requires: *best wishes*
ad infinitum, for years to come.

The useful deception of daylight savings
doesn't keep the days from growing shorter
or wind from fluttering fans of leaves
condemned in tragic and visible manner

by enemy light in an again cloudless sky.

Nonna e nipote

"Scopate Lisetta di Comano paglia e polvere
e fatene un tumulo d'oro sulle pietre oscurate
da quei relitti luminosi dell'estate 1967
incendiate il mucchio risparmiando fiammiferi

portando una brace rosa come labbra alla luce
del primo pomeriggio sgombro di nuvole
così che il sonno dei sensi abbia fine
e il fumo sacrificale non salga inutilmente

verso il celeste del cielo confondendo farfalle
ma richiami nell'acre incantagione del fuoco
colei che è destinata a corrompersi ai fini
della fortuna domestica per cui voi Lisetta

di Comano iniziaste la vostra pratica pirica."
Come venne sparì in un pertugio di sasso
spiando la bella nipote impigrita
se mai venisse solitaria a guardare

consumarsi ardendo la lana del suo campo.

GRANDMOTHER AND GRANDDAUGHTER

"Lisetta di Comano, sweep up straw and dust
make a golden heap on rocks obscured
by those luminous relics of summer 1967
ignite the pile conserving matches

carry a coal pink as lips
in the light of early afternoon free of clouds
so the sleep of the senses will have an end
and the smoke of sacrifice won't rise without reason

into the blue confounding butterflies
but recall her in the acrid incantation of fire
the one destined to perish at the limits
of domestic fortune which is why you Lisetta

di Comano began your pyrrhic practice."
She vanished as she came through a crack in the rock
spying the pretty granddaughter grown lazy
come alone if at all to watch

the wool of her fields consumed by fire.

D'après Poussin
(Le esequie di Focione)

O tu che ai piedi del colle ragazzo dell'Appennino
deflori non deflorato castagne che nessuno vuole

sprigionando dall'ombra delle faville di rosa
che svelano un attimo il mio volto segregato

a quale festino di dei laziali o a quali esequie
di eroe a quali montagne d'ametista e fumi lontani

ti sottraesti per accucciarti qui dove il mio viaggio
ha una sosta il mio sudore un ristoro nell'aria della sera?

D'après Poussin
(*The Funeral of Phocion*)

O you, boy of the apennine who at the foot of the mount
deflower undeflowered chestnuts nobody wants

releasing from darkness rosy sparks
that unveil for an instant my isolated face

from what little celebration of Lazio gods or funeral
for a hero, from which mountains of amethyst and distant fires

did you extract yourself to curl up here where my voyage
takes pause, my sweat solace in evening air?

ANCORA L'ALBERGO

Non avevo mai visto delle pollastre bianche e azzurre
avvicinandomi mi avvidi che erano state dipinte
lo avevano fatto per distinguerle poi che le lasciavano libere
la tramontana estiva esilarava.

Dall'Appennino si vedevano le Alpi orlate di neve
la falce sibilando sull'erba alta e fresca minacciava
il cane bianco e nero che non si scostava
perché dove stava era il sole fiammante e il bucato

dell'albergo—dopo che tutti i clienti sono partiti
succede un silenzio così totale non ti meravigliare
della figlia-serva dodicenne infinitamente laboriosa -
suo è il compito arduo di levare le macchie

di trattenere il canto su la bocca bella piccola rosa.

The hotel again

I'd never seen hen chicks in blue and white
drawing nearer I could see they'd been painted
they'd done this to tell them apart then let them wander
refreshed in north wind of summer.

From the apennine you could see alps trimmed with snow
the scythe hissing on tall fresh grass
threatening the black-and-white dog who wouldn't move
because he was in the burning sun amidst the laundry

of the hotel—after the clients have all gone
there's such total silence you mustn't wonder
at the twelve-year-old servant daughter hard at work–
hers is the arduous task of removing stains

of keeping a song from her lips pretty little rose.

Dalla casa di Molly G.

Guarda il caterpillar in sosta
nel mattino grigio guarda
dall'alto appartamento dal metallo
e dal vetro dal nuovo giorno

in giù guarda dove la terra si è abbassata
aperta umida color marrone
felice di ricevere pioggia ora che
la pioggia riprende tale è novembre qui

ancora riposa il caterpillar poi
che l'uomo solo a lui addetto amante
e amato solo con lui giorni e giorni
d'autunno sta consumando

il pane mattutino guernito e il vino
incurante dell'acqua fitta il capo
protetto da una cupola bianca e rossa e bianca
attento che la pioggia non annacqui

il suo vino levato a un brindisi solitario.

From Molly G.'s house

Watch the motionless caterpillar
in the gray morning watch
from the high apartment from metal
and glass from the new day

look down where earth has fallen in
broken open damp brown
happy now to gather rain
as rain resumes such is November here

still the caterpillar rests
as the man—sole loved one
and adept lover, only with him day upon day
of autumn—is consuming

the morning's buttered bread and wine
heedless of the downpour, head
shielded by the cupola, white red white,
careful the rain doesn't flood

his wine raised in a solitary toast.

Pensando a Roma alla chiesa di San Vitale in Parma

Per una ricorrenza funebre umettata di miele
l'aula spaziosa ai primi di settembre le sei
sono le cinque le fiamme dell'ora legale
ci gratificano di un purgatorio infinitamente

vivace e familiare nel vero cuore
della città per cui basta spostarsi di due banchi
e incontrare cugine non più viste da tanti
anni eppure conservate dalla verginità quali

sono le viti di filari infruttiferi colorate
però non da grappoli contenuti succo da foglie
venose e disperate nel disegno a frastaglio
che formò la bella primavera lontana quando

si aprivano le porte-finestre volte a oriente
era il mattino del loro fuggevole incanto del
faticoso e inutile sviluppo e intanto mi
assediano invitandomi io vorrei proprio

andare così le saluto e prometto mi aggiro
nella sala in cerca di altri esseri come
me ma mentre parlavo tutti gli altri
se ne erano andati a sforzarsi di esistere

in vista della cena e del sonno del sole
tramontato e del freddo della luna e
dell'alzarsi dell'aria notturna in viali agiati
abbandonati che io non posso decifrare se

il furgone del paradiso suona la partenza non distante.

Thinking of Rome at the church of San Vitale in Parma

For a memorial service dampened with honey
the spacious hall in early September six
become five the flames of daylight savings
bestow upon us a purgatory infinitely

familiar and lively in the very heart
of the city so you need only move a couple rows
to encounter cousins not seen for many years
yet well preserved by virginity

colored like non-fruiting vines
not by grapes containing juice by leaves
veined and desperate in haphazard design
formed one beautiful distant spring when

french doors opened on the east
it was the morning of their fleeting enchantment
their difficult pointless development in the meantime
they crowd around me inviting me I would really like

to go so I bid them goodbye make promises mingle
in the hall looking for other beings like me
but while I was speaking everyone else
left to continue the struggle to exist

in sight of dinner and sleep the sun
having set chill of the moon and
night air lifting in manicured
desolate streets I can't decipher if

the carriage of paradise sounds departure close at hand.

Un ballo in maschera

*a Giorgio Cusatelli che guardava dalla
finestra distraendosi dallo "Stiffelio"*

Chi con cembali e timpani chi con risa e gridi
con parrucche scivolanti in avanti sugli occhi allegri

così anima il lungofiume stipato di neve poi
che l'ultima sera di carnevale ruotando s'accosta

alle dodici e arde sui quadranti rivolti
al cittadino un invito ruffiano o un ammonimento?

Ma non sono clown questi che hanno graziosamente
trasformato in teatro la pensilina delle foresi

dormienti ora e ancora altre ore prima
dell'amaro mercoledì che è domani in rimesse

e parcheggi provinciali dislocati a monte
a valle ben lontano da qui dove un torneo lento

di macchine sfila procede e si perde
per ricomparire luci versando a fiotti

sulle instancabili provocatrici e loro
stivali maculati di bianco corpetti

in cui l'oro rilega pelo d'agnello
madido di un inverno ormai al suo termine irreparabile . . .

A masked-ball

to Giorgio Cusatelli, who watched from the
window distracting himself from 'Stiffelio'

Some with cymbals and tympani some laughing and shouting
with wigs tipped forward over happy eyes–

thus the snowpacked riverbank comes alive
since it's the last night of carnival rolling on approaching

twelve and a warning or ruffian's invitation
glows on sundials facing the town?

But they're not clowns, those who've graciously
transformed as theater the shelter for fieldhands

now aslumber and for hours more still before
the bitter Wednesday in the place of tomorrow,

with provincial parking lots moved to the mountain,
to the valley, a good distance from here, where a slow tourney

of cars unfolds proceeds and is lost
to resurface in lights pouring out in crests

over the tireless provocateurs their
boots maculated white and vests

stitched with golden thread lambskin
wet through from winter now at an irreparable end . . .

I travestiti di Parma erano un tempo commessi
scolari sarti garzoni di barberìa

in doppio apprendistato sotto maestri esperti
nelle due arti e anche non sempre in bel canto

col gusto di tradire il genio del luogo se è
Cremonini* a chiamare con tanta dolcezza

l'animale gentile e canoro strumento
ambiguo di voluttà alla mente convulsa . . .

Vengono e vengono da città vicine
alla petite capitale d'autrefois che suoi cittadini

empi e rozzi non vogliono ducale per inserirla
nel dialogo nell'abbraccio mortale America Russia

sotto il segno intrecciato della pop art e della democrazia progressiva.
Ma s'accostino prudenti che potrebbero sembrare

clienti timidi o voyeurs moralisti e venire
irrisi o colpiti da palle di neve infallibili

e riconoscano in queste feste di Parma
in questi costumi fantasiosi e impudenti

la linea serpentina locale ripresa
con inaudito sprezzo del pericolo

da figli del popolo e dei borghi malsani
fioriti di sorelle dalle dolci gambe cui

rubare atteggiamenti e fondi tinta
per la necessità di essere innanzitutto colpevoli.

Ha ripreso a nevicare i forestieri se ne vanno
felpati i rimasti non demordono

inventano mimiche accordate
all'infinita discesa di farfalle dal cielo.

*Tenore wagneriano, famoso a Parma per un suo *Lohengrin*

The transvestites of Parma were once salesmen
scholars tailors barbers

in dual apprenticeship under expert masters
of two arts, *bel canto* not always one of them,

with a taste for betraying the local genius
if that's Cremonini who so sweetly calls

the gentle animal, the singing instrument
of ambiguous desire, to the mind convulsed . . .

They keep coming from nearby cities
to the *petite capitale d'autrefois* whose citizens,

crude and cruel, don't want the ducal franchise,
to be involved in the dialogue, the fatal embrace, America Russia

under the crossed signs of pop art and progressive democracy.
But they'd edge closer carefully so they appear

timid clients or prudish voyeurs and get
derided or bombarded with infallible snowballs,

and recognize in these festivals of Parma
in all the fantastic, outrageous gear

the winding local line resumed
with heedless scorn for the danger

by sons of the working class, from dirty suburbs
flowering with sweet-legged sisters

to steal attitude and makeup from
out of need to be, above all, guilty.

It's snowing again, the strangers softly leave
those who remain don't give in

they invent routines in imitation
of the endless descent of butterflies from heaven.

L'amore sonnifero

1

Scrivo col sangue minio i capilettera
educo a un pergolato rose selvatiche
rosa e rosse il mio amore
per te s'accresce tu ascolta paziente
innamorata dei tuoi figli.

2

Vorrei punirti ma cicatrici
già fregiano l'ansa adorata del ginocchio il petto
cui non arriva l'abbronzatura
ma arrivavano le due bocche affamate.

3

Se tardo a prendere sonno lascia
che mi accosti ricevimi
nella musica della sera
azzurra come la tinta delle palpebre
assolvi al tuo compito santificata dalla professione.

4

Mi sveglio che te ne sei andata lasciandomi solo
la luce mi abbaglia scivolo nella tua valle imporporata
dal sole delle nove la morte è questa felicità successiva
questo silenzio assolato persistendo l'amore.

Drowsy love

1

In blood lead I write the capitals
train an arbor of pink and red wild roses
my love for you grows
patient you listen
devoted to your sons.

2

I want to punish you but scars
adorn already the adored knee the breast
which the tan doesn't reach
as did the two hungry mouths.

3

If I fall asleep late allow
me to draw close receive
me in the music of evening
blue as the tint of eyelids
do your duty sanctified by profession.

4

I wake because you've gone left alone
the light dazzles I slip into your valley
aglow in the nine o'clock sun death is this next happiness
this sun-struck silence regenerating love.

5

Muovendoti sonnambula dietro la lucidatrice
intrattieni il mio dormiveglia di convalescente
chiazzi di sole un pavimento che non vedo
fingi la trebbiatura nel "mite inverno romano".

Ma non potrò contare alla fine i sacchi del mio grano.

6

Tornato a Parma ti accompagno—chiuso
in un castoro ereditato ammaccato tarmato -
a provare una midi *mauve,* le commesse
hanno la r e il pallore di qui ma le reni
sono di quelle giovani donne della PRB.*
La tua anglicità mista è un metronomo
che apprezzano, l'una inginocchiata ad appuntare
spilli, l'altra dritta a vedere con l'occhio
segnato e esperto la lunghezza giusta
sulla gamba smagrita dall'amore e dagli anni.

* PRB è la sigla della quasi "comune" preraffaellita: Pre-Raphaelite Brotherhood.

5

Somnabulist shifting behind the mop
you distract me from my convalescent snooze
spray a floor I can't see with sun
mime a thresher in the "mild Roman winter."

But I won't be able in the end to count my sacks of grain.

6

Having returned to Parma I accompany you—enclosed
in an inherited beaver fur, motheaten and bruised–
in going to fit a *midi mauve.* The salesgirls
have the pallor and accent typical here but their figures
are those of the young women of the PRB.*
Your mixed anglicism is a metronome
they appreciate, one on her knees to put in
pins, the other standing to look, with expert
eye, for the correct length on a leg
diminished by love and by the years.

* PRB denotes the quasi-commune *Pre-Raphaelite Brotherhood.*

Pensieri assistendo a "2001: Odissea nello Spazio"

Scendendo dal fienile perché unico fra gli altri
mi giravo con sforzo e manovra difficile a stringere
con le mani la scala dolorosa?

Perché stentavo a riprendere terra e ragione
in quell'ora appropriata carezzevole
di ritrovamenti mansueti

tuffandosi il disco del sole nel Cinghio sinuoso
di gaggìe frastagliate e belve chine
ad abbeverarsi nella materna acqua raggiante?

Thoughts on viewing
2001: A Space Odyssey

Why, alone among the others descending from the hayloft,
did I turn to grasp, with some effort and a difficult maneuver,
the staircase of sorrow in my hands?

Why did I labor to return to earth and reason
in that appropriate welcoming hour
of gentle recovery,

the disc of sun diving into the sinuous Cinghio,
haphazard acacias and beasts bent
to drink the mother's brilliant water?

D'APRÈS RUBENS
(FILEMONE E BAUCI)

Perché non accettare questo tempo piovoso
che anticipa l'autunno porta il cane amoroso
a fiutare le scarpe del forestiero in transito
e missione con la spedita salute

del medico o del veterinario di prima
nomina su per groppi e per balze
fradici di genziane sino a che
una strada in abbandono e solitudine gli offre

il suo meditativo percorso ed egli
vi si immette gli occhi neri riconoscono il segno
di un passaggio recente nell'ansia
del mezzogiorno estivo la bianca cenere

vedova sulla pietra brunita d'umidità
mentre alla sospensione del cuore e della mente
d'una svolta grifagna di frutti inselvatichiti
succede la dolce rovina dello spiazzo antistante

la casa prescelta ma se gli sposi
vecchi se ne sono andati e la porta è sprangata
a chi mostrerà egli posando sulla soglia
consunta il piede leggero della gioventù

l'arcobaleno che si tende sull'Appennino vertiginoso?

D'après Rubens
(Philemon and Baucis)

Why not accept this rainy weather
autumn preview that provokes the dog
to tenderly sniff the shoes of a stranger
in transit and mission with the brisk health

of a doctor or veterinarian of the first
order up through cliffs and gorges
bathed in gentians until a road
forgotten and alone offers

him its meditative course and he
plunges in his black eyes recognize the sign
of recent passage in the tension
of midday summer the white ash

widow on the rain-darkened stone
while heart and mind held in suspense
in a menacing alcove of berries gone wild
give way to the gentle disorder of the clearing before

the appointed house—but if the once
betrothed have left, the door swung wide—
whom to show the light foot of youth
on the glowing threshold,

the rainbow leaning into the steep apennine?

Per una pittura rifiutata

La vegetazione ricopre sino ai margini
il quadrato di tela che s'incurva
nell'abbandono e s'impolvera di anni
passati da te con più dolore

di quanto si attendesse ma la luce
improvvisa che ho acceso d'una lampada
di candore e d'insonnia rivela
al di là dello strazio d'una tale

rovina prima non veduto
nella giungla di tocchi verdi azzurri
violacei bianchi preziosamente dorati
il procedere e perdersi d'un ponte

significante nella sua fatica
il transito la sosta meditativa il distacco
o l'ebbrezza dell'aria
d'un giorno della vita che si adempie

e che qui arde di perennità
umiliata poi che una segregazione
ingiusta e non appellabile le toglie
il privilegio d'uno sguardo che interroghi

e si quieti nella sua finzione fulgente.

For a rejected painting

Foliage comes right up to the edge
of the canvas square, warped,
abandoned, covered in the dust of years
you've passed with more pain

than expected, but the sudden
light as I switched on a lamp
of candor and insomnia
reveals, beyond the strain of such

decay, previously unseen
in the jungle of brushstrokes, blue violet
white green delicately golden
the vanishing progress of a bridge

important for the effort
of its transit, meditative pause, and leave-taking,
or the bracing air
of a day in the life reached fruition

that burns in perpetuity here
humiliated because an unjust
irreversible segregation deprives it
the privilege of a look, a question,

that it might grow tranquil in its shining fiction.

Pomeridiana

Un principe dei poeti di provincia
torna alla sua città nel pomeriggio d'ottobre
il treno pettina la pianura lombarda
attenzione a non lasciarsi narcotizzare dal verde.

Ma evviva il passaggio alla regione Emilia
(ci vorrebbero doganieri in panni pesanti
trafitti dal sole delle quattro senza
una goccia di sangue verniciati di amenità).

Ora le ville e i rustici si succedono quasi
senza interruzione scambiandosi le parti
tutti sono fuori a quest'ora la lotta
di classe dura dai tempi di Carlo Magno.

Se le donne non si vedono dipende dal fatto
che stanno vendemmiando la vite le ricopre
le vespe soltanto le hanno inseguite nell'ombra
gli adolescenti ormai rifiutano l'erotismo autunnale.

Il convoglio rallenta malinconicamente
dovendo ripartire in perdita di viaggiatori assolati
lasciarsi dietro minareti cattolici
che attingono ancora e trattengono il giorno -

mentre il poeta dubita avviandosi che lo si riconosca ed onori.

POSTMERIDIAN

A prince of provincial poets
returns to his city one October afternoon
the train grooms the Lombard plain
be careful of the narcotic green.

But cheers for the journey to the region Emilia
(all that's lacking are customs officers in heavy clothes
penetrated by the four o'clock sun without a drop
of blood varnished by amenities).

Now villas and huts follow one upon the other almost
without interruption exchanging sections
at this hour everyone is outdoors the wars
of class continuing from the time of Charlemagne.

If you don't see the women it's because
they're busy harvesting grapes covered by bees
only they pursued them into the dark
adolescents having refused autumn eroticism.

The procession slows deep in melancholy
having to depart again without sunstruck travelers
to leave behind catholic minarets
that still retain and reflect the day–

while the poet on his way doubts they'd recognize and honor him.

Frammento escluso dal romanzo in versi

«Angelica Kaufmann dipinse una scena
che io guardo riprodotta in un piatto
feriale, della prima colazione:
ha i colori un po' cancellati
dall'uso ma splendidi per il sole che vi batte
forte e libero alle nove del mattino d'estate
come un giovane di diciotto anni interamente virile.
Ma posso io che li compio a novembre
e non li anticipo ma mi ritraggo
felice di appartenere ancora alla pigra,
sudicia, irresponsabile adolescenza,
posso io, che medito su un piatto
ricavandone simboli personali,
contare sulla mia mattutina,
giovanile energia, sul suo
più diretto, naturale, utile impiego?
Quando poi m'identifico col putto
ebbro molle che poggia testa e schiena
sul grembo della donna di destra
e riceve una ghirlanda di grappoli viola
dalla donna a sinistra,
ronzando intorno una pianura assorta
in olmi anziani e folgorati, padri
attristati da una primavera perenne?
La circolarità del piatto mi dà
una vertigine cui non reggo, o è la nausea
per aver scoperto che il bambino
viene dalla madre ceduto in custodia
a un'estranea, e sia pure a una Musa?»

Fragment excluded from

THE NOVEL IN VERSE

"Angelica Kaufmann painted the scene
I'm looking at, reproduced on an everyday
breakfast plate:
its colors are a little faded
from use, but still bright in the sun
shining strong and free at nine in the summer morning
like a thoroughly virile youth of eighteen.
But can I—unexcited to reach that age
in November, and considering myself
lucky to remain part of lazy,
sweaty, irresponsible adolescence–
can I who ruminate over a plate
and find personal symbols in it–
count on my youthful
morning energy, on its
worthwhile use, natural and direct?
If I identify with the cherub,
slightly drunk, leaning his head back
on the lap of the woman on the right
and taking a garland of purple grapes
from the woman on the left,
all around a buzzing sun-soaked plain
of ancient split elms, fathers
saddened by eternal spring?
The circularity of the plate
makes me unbearably dizzy—or is it nausea
on finding the boy
belongs to the mother left in custody
of a stranger, even if a Muse?"

SOLO

Di settembre qui arde ancora il sole
cero presso alla sua consumazione
il prato al quale accedo pianeggiante
è un altare la cui tovaglia è erbosa.

La trapungono colchici dall'incarnato lilla
l'orlano gli spini del Signore e di quella
maledetta proprietà che oggi è umiliata
dalla rovina lenta dell'agricoltura.

L'insanguinano le bacche in forte anticipo
sulla stagione autunnale l'addolciscono
il corallo vegetale della rosa canina
e il ciuffo tenace che stringe la nocciola.

Mi posso improvvisare prete—vocazione ritardata -
per celebrare nell'ora empia del mezzogiorno
su questa tavola naturale dell'appennino spazioso -
offrendo carne e sangue personali

agli asini alle lucertole alle farfalle in coppia
i soli che testimonino per i matronei disertati
la mia fede e la mia beatitudine inquieta -
mentre l'aereo postale si allontana e fila

una lana che nella distanza assolata scintilla?

Solo

In September here the sun still burns
votive candle near its end
the meadow I've gained levels off
an altar covered with grassy cloth.

It is woven of rosy lilac meadow saffron,
Lord's thorns on its trim, as well as that
cursed property humbled these days
by slow rural ruin.

Stained blood-red by berries long before
their autumn season, softened
by the greenish pink of the dogrose
and the tight cusp that grips the hazelnut.

I could act as priest—late vocation—
and at midday, the godless hour, improvise a celebration
on the natural table of this broad apennine—
offering my own flesh and blood

to donkeys, lizards, butterflies in pairs,
sole witnesses, in the empty women's pews,
to my faith and restless beatitude—
while the postal airplane in receding spins

wool sparkling in the distance.

VI Disperse

VI UNCOLLECTED POEMS

Di molto prima

(1933)

Parma, città

Fuggevoli le ore
che il materassaio batte
da un nascosto cortile
fuggevole è l'aprile.

Parma, campagna

O stagione più dolce o verde e nera
primavera se tu torni fra noi
nello strepito quieto
del mattino

anche aprile se ne va veloce
poi che marzo se n'è andato
lasciandoci a mani vuote
il sole s'è annebbiato

un'altra volta
è domenica
siamo rimasti soli
come una volta.

From long before
(1933)

Parma, city

The hours fly by
the mattress-maker beats out
from a hidden court–
April is short.

Parma, country

O milder season, green and black
spring, if you come back to us
in the crushing quiet
of morning

even April quickly takes its leave
since March has gone away
leaving us empty-handed
the sun shrouded

once again
it's Sunday
we're left alone
like long ago.

CREPUSCOLO

Dolcemente muore
il giorno d'inverno,
migra la luna
sul Parma ai colli che imbrunano.

A quest'ora quando su Antognano
passava s'accendeva la lucerna.
Oggi, qualche volto che s'illuminava
all'improvvisa fiamma è al buio per sempre.

Come indugia il crepuscolo,
crudele o pietoso?
No, è gennaio al declino
e il giorno s'allunga.

DUSK

The winter day
gently fades,
over Parma the moon
migrates to darkening hills.

When this hour passed over Antognano
one lit the oil lamp.
Today some faces illumined in its sudden flame
are in the dark forever.

How does the dusk linger,
with malice or pity?
No, It's January on the wane,
the days are growing longer.

Infanzia

O luce sulle case
poi che il vento cadde
e la strada maestra
fu deserta e assolata,
stagione dell'anno
che rinverdisce la gaggìa,
età infantile caduta
come un passero ferito sull'erba fresca.

CHILDHOOD

O light on the houses
when the wind fell
and the main road
was empty and blinding,
season of the year
the acacia's green returns,
childhood years fallen
like a wounded sparrow onto fresh grass.

L'abbandono delle

terre non irrigue

Queste solitudini sono leggendarie. La collina
spopolata di cristiani presto
sarà povera anche di animali.
Non rimarranno che il prete in castigo
e la maestra lubrica
a generare figli
belli come angeli sul bianco dei calanchi.
A una razza simile
l'obbrobrio e la fatica
senza speranza
e tuttavia a Pasqua se alta
il profumo e la vista
di infiniti fiori gialli
nati su foglie morte
da un anno e già rame e letame.

The desolation of

unirrigated fields

These solitudes are legendary. The hill
bereft of Christians will soon
be deprived also of animals.
No one will remain but the penitent priest
and lusty schoolteacher
to generate offspring
beautiful as angels against white cliffs.
For such a race
shame and struggle
without hope—
yet at Easter, if late,
the perfume and the view
of countless yellow flowers
born of leaves dead one year,
already copper mulch.

I<small>N TEMPI DI DISIMPEGNO</small>

Non è infrequente per queste
strade familiari—anche se esse
ti hanno portato al di là d'un fiume,
o torrente, confine spesso di due province,
nell'ora di perdizione che è sempre
il passaggio a un'altra riva col sole
in una salute languente -
incontrare dei cippi dedicati a chi uomo o donna anche ragazzo
qui vivente o transitante
venne ucciso perché ribelle o ostaggio.
Su marmo pietra o umile laterizio
una lapide ricorda i nomi e il giorno dell'eccidio -
ma tu che passi procedi oltre, t'affretti
punto dal primo freddo e dal trasmutarsi
all'orizzonte del rosso in viola
mentre la siepe accoglie arruffata
e misera il ritorno dei passeri
dai seminati in ombra—ormai
indistinti quei cippi dai tumuli
che il cantoniere o il colono
innalzò di ghiaia o terra o letame
nella luce lavorativa d'un giorno senza data.

In times of disengagement

It's not uncommon on these
familiar roads—even if they
have brought you over a river
or stream, often the border between two provinces,
in the hour of perdition that's always
of passage to another shore
under a dwindling sun
to find memorials dedicated to the man woman or even boy
who, while living here or in transit,
was killed as rebel or hostage.
On marble rock or humble brick
an inscription records the names and date of the massacre–
but you who pass by continue, you hurry
bitten by early frost and the change
on the horizon of red to purple
while the hedge, ragged
and diminished, collects the sparrows
returning from newly sown fields in darkness–
memorials now indistinct from heaps
the roadworker or farmer
once raised, of gravel earth or dirt
in the working light of a day without date.

Selected Bibliography

Works by Attilio Bertolucci

Poetry:

Sirio. Parma: Minardi, 1929.
Fuochi in novembre. Parma: Minardi, 1934.
Lettera da casa. Parma: Minardi, 1951.
La capanna indiana. Firenze: Sansoni, 1951.
In un tempo incerto. Firenze: Sansoni, 1955.
Viaggio d'inverno. Milano: Garzanti, 1971.
Verso le sorgenti del Cinghio. Milano: Garzanti, 1983.
La camera da letto. Milano: Garzanti, 1984; 1988.
Le poesie. Milano: Garzanti, 1990. [Includes an 'Antologia della critica'.]
Al fuoco calmo dei giorni. Poesie 1929-1990. Ed. Paolo Lagazzi. Milano: Rizzoli, 1991.
La lucertola di Casarola. Milano: Garzanti, 1997.
Opere. Ed. Paolo Lagazzi and Gabriella Palli Baroni. Milano: Mondadori, 1997.

Translations:

Imitazioni. Milan: Scheiwiller, 1994.

In English translation:

Selected Poems. Trans. by Charles Tomlinson. Newcastle upon Tyne: Bloodaxe, 1993.

Letters:

Bertolucci, Attilio, and Cesare Zavattini. *Un'amicizia lunga una vita. Carteggio 1929-1984.* Ed. Manuela Cacchioli e Guido Conti. Parma: Monte Università Parma, 2004.

Bertolucci, Attilio, and Vittorio Sereni. *Una lunga amicizia. Lettere 1938-1982*. Ed. Gabriella Palli Baroni. Milano: Garzanti, 1994.

Essays:

Letterato al cinema. Parma: Maccari, 1949.
Italia 1900. Casalecchio di Reno: Grafis, 1981.
Aritmie. Milano: Garzanti, 1981.
Ho rubato due versi a Baudelaire. Ed. Gabriella Palli Baroni. Milano: Mondadori, 2000.

Interviews:

Bertolucci, Attilio, and Paolo Lagazzi. *All'improvviso ricordando. Conversazioni*. Parma: Guanda, 1997.

Edited volumes:

Poesia straniera del Novecento. Milano: Garzanti, 1960.

Works Cited and Selected Critical and Biographical Works

Gerard, Fabien S., T. Jefferson Kline, and Bruce Sklarew, eds. *Bernardo Bertolucci Interviews*. Jackson: University Press of Mississippi, 2000.
Giovannuzzi, Stefano. *Invito alla lettura di Attilio Bertolucci*. Milano: Mursia, 1997.
Lagazzi, Paolo. *Rêverie e destino*. Milano: Garzanti, 1993.
Paganelli, Remo. "Gli 'inverni' di Bertolucci," in *Voci per un poema: scritture su* La Camera da letto. Parma: Zara, 1986. 103-35.
Pasolini, Pier Paolo. 'Viaggio d'inverno,' *Nuovi argomenti* 22, aprile-giugno 1971.
Salibra, Elena. "Tempo e memoria nel primo Bertolucci," in *Studi di filologia e critica offerti dagli allievi a Lanfranco Caretti*. Roma: Salerno Editrice, 1985. Vol. II. 847-79.
Sereni, Vittorio. *Stella variabile*. Milano: Garzanti, 1981.
—. *Selected Poems of Vittorio Sereni*. Trans. by Marcus Perryman and Peter Robinson. London: Anvil, 1990.

www.ingramcontent.com/pod-product-compliance
Lightning Source LLC
Chambersburg PA
CBHW031833090426
42741CB00005B/230